院士之乡

——西南联大龙泉往事

洪海波　编著

群言出版社

QUNYAN PRESS

·北京·

图书在版编目（CIP）数据

院士之乡：西南联大龙泉往事 / 洪海波编著 . --
北京：群言出版社，2024.7
ISBN 978-7-5193-0874-2

Ⅰ . ①院⋯ Ⅱ . ①洪⋯ Ⅲ . ①西南联合大学 – 校史
Ⅳ . ① G649.287.41

中国国家版本馆 CIP 数据核字 (2023) 第 209851 号

策划编辑：刘　波
责任编辑：李　群
助理编辑：张　程
封面设计：李士勇

出版发行：群言出版社
地　　址：北京市东城区东厂胡同北巷 1 号（100006）
网　　址：www.qypublish.com（官网书城）
电子信箱：qunyancbs@126.com
联系电话：010-65267783　65263836
法律顾问：北京法政安邦律师事务所
经　　销：全国新华书店

印　　刷：北京九天鸿程印刷有限责任公司
版　　次：2024 年 7 月第 1 版
印　　次：2024 年 7 月第 1 次印刷
开　　本：710mm×1000mm　　1/16
印　　张：19
字　　数：320 千字
书　　号：ISBN 978-7-5193-0874-2
定　　价：168.00 元

前　言
Preface

　　1937年七七事变后，内地的大批学校、机构、工厂迁移到云南。1938年5月4日，由国立北京大学、国立清华大学、私立南开大学组成的国立西南联合大学（以下简称"西南联大"）也在昆明正式开学，把高等教育的火种传递下去。1938年9月28日，日本军机开始对昆明进行无差别轰炸，为了躲避空袭，寻找安全、安静的学习、生活环境，市内的教师和学生迁移到昆明郊外与郊县，包括呈贡、宜良、大普吉、岗头村、龙门村等地，龙泉古镇便是其中重要的疏散地之一。西南联大及一些国家级学术机构分布在龙头村、司家营、麦地村、棕皮营、瓦窑村、落索坡等村落，入驻寺院、道观和民居，如兴国庵、弥陀寺、响应寺、东岳宫、观音殿、桂家祠堂、龙泉书坞等。在抗战的特殊环境下，西南联大的师生担起了保存祖国文化的重任，龙泉古镇也成为中国学术高地。直到今天，人们谈及往事，津津乐道，龙泉古镇也成为后人向往和拜谒的文化圣地。

　　1938年至1946年的昆明龙泉区域，文化氛围异常浓厚。闻一多一家，冯友兰一家，梁思成、林徽因一家，梁思永一家，严济慈一家等居住在龙泉区域的教授、研究员、工作人员及其家属约有500多人。他们在这里学习、在这里工作，日复一日、年复一年，这里积淀着他们的情感、关照着他们的日常、养育着他们的儿女、成就着他们的辉煌。

　　今天我们再来回望这段历史，研究每位学者的生活环境、学术成就，身临其境地体悟他们的甘苦、他们的性情、他们的思想，最大限度地抵近他们的内心。在弥陀寺，冯友兰完成了《新理学》《新事论》《新世训》等冯氏哲学体系论著；在司家营，闻一多完成了《楚辞校补》等著作；朱自清完成了《文学批评》等讲稿，出版了《语言志辩》《中国散文的发展》等著作。

　　龙泉古镇龙头街司家营老村现已华丽转身为司家营新村，昔日的乡下变身为今天的昆明北市区山水新城。现今昆明盘龙区龙泉街道的司家营社区、宝云社区存有众多古建筑文物，是具有独特文化的爱国主义教育基地。在龙泉大地厚重多元的历史文化中，文化价值极高、历史意义重大的历史印记当数35位院士和26位文化科学大家共同演绎的那段抗战文化史。迄今为止，这片热土仍然保留了梁思成、林徽因旧居，闻一多、朱自清旧居（清华文科研究所），中国营造学社旧址，中国历史语言研究所旧址（含冯友兰旧居），北大文科研究所等一批文物古迹，这些珍贵的文化遗产和深邃的思想价值无疑成为建设龙泉古镇最宝贵的历史文化资源。

龙泉古镇的学术机构和大师们吹响的是传承和发扬传统文化以振兴民族精神、民族气节的号角。如今此地留存的28处历史遗迹，已成为发扬中华民族威武不屈的民族气节、誓死对抗帝国主义列强的爱国主义精神的重要历史物证。

龙泉古镇与西南联大的命运息息相关，如今岁月流逝，曾经的喧哗已趋于平静，龙泉古镇保留着关于西南联大的珍贵记忆。这座古镇一度是中国文化的精神故里，是中国院士之乡，是文化脉络的延续，其文脉尚在，风骨犹存。弦歌不辍、刚毅坚卓的西南联大精神将会一直传承下去。

目录 Contents

第 一 章
西南联大的来龙去脉

THE HISTORY OF NATIONAL
SOUTHWESTERN ASSOCIATED UNIVERSITY

这是一本讲述抗日战争时期，西南联大的教授们在龙泉镇工作、生活往事的专辑，就让我们走进那个战火纷飞的年代，领略大师们治学做人的风采。

1937年7月7日，日本帝国主义发动全面侵华战争，为保存中华民族教育免遭毁灭，华北及沿海等主要大城市的高等学校纷纷内迁。据不完全统计，当时至少有六七十所高等院校迁到西南大后方，西南联大就是南迁的3所高校联合而成。

西南联大的全称叫做国立西南联合大学，是由当时南迁的国立北京大学、国立清华大学和天津私立南开大学联合而成的全世界最具影响力的高等教育学府之一。

北京大学创建于1898年，原为京师大学堂，是中国近代史上第一所国立综合性大学。京师大学堂在维新变法运动中筹备。1894年，中日甲午战争爆发，1895年4月17日清政府被迫签订丧权辱国的《马关条约》，中国人受到了极大的震动。面对列强瓜分中国的严重危机，康有为、梁启超、严复等"睁眼看世界"的先进知识分子大声疾呼变法自强，挽救危亡，掀起了维新变法运动。"变法之本，在育人才；人才之兴，在开学校。"改革旧教育，建立新学堂成为变法的第一要务。1896年6月，刑部侍郎李端棻奏《请推广学校折》，提出在京师设立大学堂。

西南联大常务委员会三常委。左起：蒋梦麟、梅贻琦、张伯苓

蔡元培

陈独秀

1903 年京师大学堂主要教职员合影

李大钊

钱玄同

国立北京大学大门

　　1916年12月，著名教育家、思想家、民主主义革命家蔡元培出任北京大学（以下简称"北大"）校长，对北大进行了卓有成效的改革。众多革新人物和学术大师云集北大，延请鲁迅、陈独秀、胡适、钱玄同、李大钊等新文化运动的倡导者任教。提倡民主与科学精神，弘扬爱国与进步思想，促进新思潮的传播和学术的繁荣，使北大成为中国新文化运动的发动机、五四运动的发祥地、传播马克思主义和创建中国共产党组织的早期最重要的基地。这是北大发展史上一个辉煌时期，奠定了北大的光荣革命传统和优良学术传统。

　　1900年6月"八国联军"侵略中国。1901年9月清政府被迫签订《辛丑条约》，赔偿白银4.5亿两，史称"庚子赔款"。1904年美国表示所得赔款"原属过多"，可用于"退款办学"。经中美双方多次商谈，于1908年确定退款办学相关事宜。1909年7月清政府设立游美学务处，附设游美肄业馆。1911年4月游美肄业馆改名清华学堂。1911年4月29日清华学堂在清华园开学。

1912年清华学堂更名为清华学校，归北京政府外交部管辖，面积450余亩，校园建筑体现出"中西文化，荟萃一堂"的特点。学制8年，分中等、高等两科，高等科学生毕业后一般插入美国大学二、三年级。1916年清华学校正式提出改办完全大学，1925年设立大学部，同年设立国学研究院，开始向完全的大学过渡。

1928年清华学校更名为国立清华大学，由教育部、外交部共管。1929年5月南京国民政府决定，国立清华大学专属教育部管辖。1931年抗日战争爆发，国立清华大学至1937年已发展为一所拥有文、理、法、工4个学院，16个学系的综合性大学。

1937年学校面积增加到1600亩，总建筑面积达到10万平方米。学校增建了生物馆、气象台、电机馆、化学馆、机械馆等大批系馆。图书馆经过扩建，面积达7300余平方米，可容纳500人阅览，1935年藏书量达35万册。1934年后学校有58个实验室，配备了一大批先进仪器设备。

鲁迅

南开大学开学纪念

　　南开大学也是一所有着优良传统的学校，它的创办者严修和张伯苓是中国现代教育最杰出的先驱人物之一。周恩来总理、中国共产党东北地区组织创始人马骏就是南开大学的第一届学生。

　　1919年9月25日，私立南开大学举行开学典礼，初设文、理、商3科。1922年3月，学校租定八里台村北村南公地两段共400余亩，兴建教学楼、男女生宿舍、教员住宅。1923年8月，私立南开大学正式迁入八里台新校址。学校除设文、理、商、矿4科外，增设预科，私立南开大学初具规模。1927年至1937年，私立南开大学各方面都有了较大的发展。

马骏

叶企孙　　陈岱孙　　冯友兰　　梅贻琦　　杨公兆　　张子高

抗战期间梅贻琦（右三）与清华核心团队

抗战期间梅贻琦（中）与清华核心团队施嘉炀、潘光旦、陈岱孙、吴有训、冯友兰、叶企孙等（左起往右）在一起

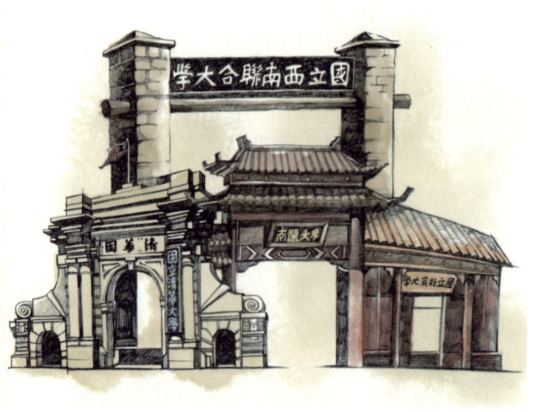

《西南联大三校》手绘插图

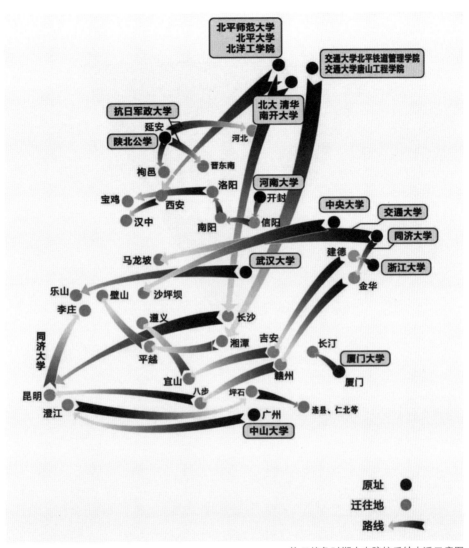

北平师范大学
北平大学
北洋工学院

交通大学北平铁道管理学院
交通大学唐山工程学院

抗日军政大学
延安
陕北公学

北大 清华
南开大学

河北

枸邑

晋东南

洛阳

河南大学
开封

宝鸡
西安
南阳
信阳

汉中

中央大学
交通大学
同济大学

建德
浙江大学

马龙坡
武汉大学
金华

乐山
璧山
沙坪坝

李庄
遵义
长沙

同济大学

湘潭
吉安

长汀
厦门大学

平越
赣州
厦门

宜山
八步
坪石
连县、仁北等

昆明
澄江
广州
中山大学

原址 ●
迁往地 ●
路线 ◄━

抗日战争时期大专院校手绘内迁示意图

　　1937年卢沟桥事变后，三所高校先是迁移到湖南长沙，成立了长沙临时大学；1937年12月13日，日军攻陷南京，武汉危在旦夕，长沙震动，于是临时大学又奉教育部之命，西迁昆明。长沙临时大学何以西迁昆明呢？主要原因有以下两点：一是昆明地处西南边陲，离前线较远；二是到云南，有滇越与滇缅两条路可以通到国外，仪器设备容易被运进来。

11

西南联大校徽

　　长沙临时大学师生西迁昆明时分为海路、陆路、步行3条路线。步行是由湘西经贵州直到昆明，参加者为11位教师和250多名男同学，组成湘黔滇旅行团。旅行团于1938年2月20日出发，于4月28日抵达昆明。到昆明后，奉教育部令，长沙临时大学改称国立西南联合大学。

西南联大于1938年5月4日开始上课，至1946年5月4日结束，其在昆明整整八年时间。在这八年中，西南联大的教师保持在350人左右，教授和副教授约占一半以上。八年间，在校学生一般在3000人上下，共培养毕业生约4000人，加上投笔从戎以及各种原因未毕业者，在西南联大受过教育的学生达8000余人。

西南联大图书馆及宿舍

　　西南联大的存在使中国的精英教育得以持续，使一大批顶尖学者和学界泰斗没有在战火纷飞中沦丧而流亡海外。西南联大还培养了175位院士、两位诺贝尔奖获得者、8位两弹一星元勋、5位国家最高科学技术奖获得者，为中国的教育事业做出了巨大的贡献。

1984 年，昆明师范学院更名为云南师范大学

　　西南联大设立的师范学院就是现在的云南师范大学，其为云南培养了大批优秀的文化及科研工作者和一线教师。后来，有一些教师留在了云南，很多科研设备也留在了云南师范大学，使云南师范大学从区域型大学走向了国际知名学府。

第 二 章
跑警报跑到
龙泉镇的教授 "天团"

PROFESSOR GROUP ESCAPE

TO LONGQUAN TOWN FOR

ELUDING ALARM

　　提到跑警报的故事，就要先说一说昆明一个名为龙泉镇的地方。龙泉镇是昆明北郊比较大的集镇，龙泉镇上有一条街叫龙头街，是昆明北郊著名的农贸集市，更是北通四川的要道。笔者从10岁起在龙泉镇这片土地上生活了十多年，经常在星期三去赶龙头街。

　　过去赶龙头街就像现在逛大型超市，农副产品、坛坛罐罐、针头线脑、鸡鸭活禽、咸菜卤肉、瓦猫红砖琳琅满目。清末民初的龙头街一直延伸到松华坝，比现在大好几倍。当时，凡是在昆明其他地方买不到的东西，在龙头街肯定能买到。在昆明人眼里，龙泉镇龙头街已不是"百货市场"，而是"万货市场"，人们都戏称龙头街为"小香港"。

20世纪40年代的龙头街集市

龙泉镇龙头街集市的繁华景象

《龙头街集》手绘插图

西南联大与昆明北郊的龙泉镇有着一段深深刻在中国历史文化中的良缘和美好时光。1938年9月28日，抗战大后方昆明显得颇不平静——日本军机开始轰炸昆明。

　　为了延续中华文化根脉，为了有一张书桌继续学术研究，1938年入秋以来，陆陆续续就有人从昆明城里搬到龙泉镇上，分布到龙头村、司家营、麦地村、棕皮营的民居里，而镇上的兴国庵、弥陀寺、响应寺、观音殿甚至一些破败的小庙内，也被打扫干净住进了人。

日机轰炸后的昆明天开云瑞坊

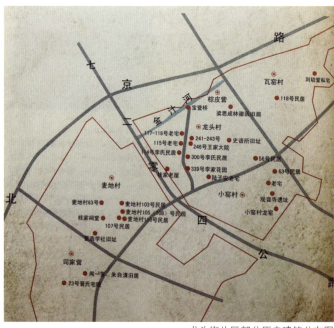

龙头街片区部分历史建筑分布图

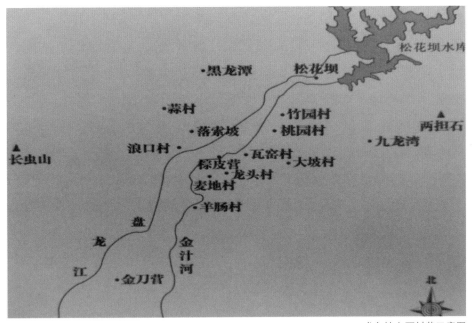

龙泉镇主要村落示意图

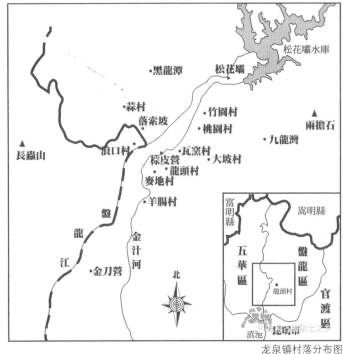

龙泉镇村落分布图

21

董作宾　　　　李方桂

傅斯年

冯友兰　　　　陈寅恪　　　　　　　　李济

金岳霖　　　　梁思永　　　　丁声树　　　　顾颉刚

罗常培

罗庸

浦江清

钱端升

魏建功

王力 　　　　　　　　　地质考古学者团队

游国恩 　　　郑天挺

向达 　　　杨钟健 　　　刘敦桢

梁思成（右）、林徽因（左）

朱自清

闻一多

学者们在龙泉镇进行研究工作

　　大家也许猜到了，这些人可不是一般人，最先搬到龙泉镇龙头村宝台山弥陀寺的，是由著名学者傅斯年、李济、董作宾、李方桂等几位教授主持的中央研究院历史语言研究所，之后一大批著名学者也随之而来，包括陈寅恪、钱端升、王力、郑天挺、向达、魏建功、顾颉刚、冯友兰、金岳霖、罗庸、浦江清、梁思永、陈梦家、罗常培、游国恩、吴定良、丁声树，以及地质考古学家卜美年、杨钟健、李悦言，还有众多讲师和学生。接着，由梁思成、林徽因、刘敦桢所率领的中国营造学社专家学者们，也搬迁到龙头村旁的麦地村兴国庵。时任西南联大中文系主任、教授的朱自清，随清华大学文科研究所迁到了龙泉镇司家营村。同是清华大学中文系教授的闻一多先生及家人，也一起搬到了司家营村。

　　本来平时只是一个安安静静、赶街天热热闹闹的偏于一隅的茶马古道上的小镇，突然间成了中国的学术高地。当然，在国难当头的抗战期间，当地的老百姓并不清楚是什么人在他们身边，今天我们再来回望这段历史，研究每位学者的生活环境、学术成就，身临其境地体悟他们的甘苦、他们的性情、他们的思想，最大限度地抵近他们的内心。

《龙泉大先生》手绘插图

　　冯友兰先生的哲学著作《贞元六书》大部分文稿是在龙头村弥陀寺的油灯下完成的；在司家营，闻一多完成了《楚辞校补》等著作及《诗经》等讲稿；朱自清完成了《文学批评》等讲稿，出版了《诗言志辨 经典常谈》《中国散文的发展》等著作……

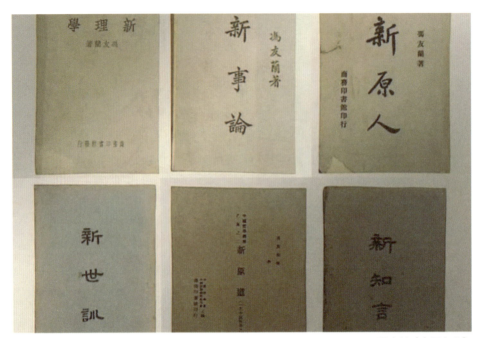

冯友兰《贞元六书》

闻一多《楚辞校补》

《城隍庙》手绘插画

龙泉古镇效果图

龙泉镇曾与西南联大的命运息息相关，如今岁月流逝，曾经的喧哗已趋于平静，龙泉镇也成为"古"镇。在这个"古"的韵味里，留着关于西南联大的珍贵记忆。在当今，龙泉古镇又将吸引世人的注目，这座小小的古镇一度是中国人文的精神故里，是中国院士之乡——35位院士的第二故乡，是我们及后辈中华文化脉络的延续。

第 三 章
闻一多的日常生活

WEN YIDUO'S DAILY LIFE

你一定听过他的名字，也对他的作品耳熟能详，他就是爱国主义诗人、学者、无畏的民主战士：闻一多先生。

闻一多先生本名为闻家骅，湖北省黄冈市浠水县人。湖北这个地方，自古以来就英雄辈出，而闻一多先生，就于1899年出生在湖北省黄冈市，纵观闻一多先生极不平凡的一生，他自幼就爱好古典诗词，13岁考入当时的清华留美预备学校，17岁在《清华》周刊上发表读书笔记，33岁与朱自清先生等大文豪任教于清华大学中文系。

听到这里，果然"学霸"的人生不需要解释。闻一多先生留下《死水》《红烛》《七子之歌》等众多脍炙人口的作品。

闻一多

《各个时期的闻一多先生》手绘插图

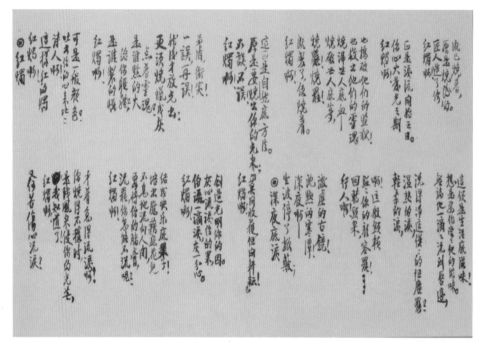

《红烛》手稿

闻一多第一部诗集《红烛》

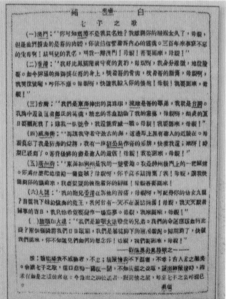

《七子之歌》

湘黔滇旅行团教师（郭慧光 提供）

　　闻一多先生一生居住过许多地方，而今天我们要讲的，是他在昆明市盘龙区龙泉街道司家营的旧居。司家营旧居是闻一多先生在昆明居住时间最长的地方，1941—1944年，闻一多先生和朱自清、浦江清等教授一起生活在司家营。要想知道为什么闻一多先生会来到昆明，又为什么会在昆明被国民党特务杀害，还需要从1938年那段西南联大的历史讲起。

清镇县东山寺

闻一多于途中绘制的素描

　　1938年2月19日这天，长沙举行了一场隆重的开拔仪式，39岁的闻一多先生心怀热血，以高昂的斗志和诗人的激情，参加了"中国教育史上的长征"。长沙临时大学湘黔滇旅行团历经68天的长途跋涉，于4月28日到达昆明西南联大。从湘黔滇旅行团迈出第一步的那一刻起，就标志着中国知识分子第一次大规模地走出了象牙塔，开始接触社会、深入社会、研究社会。这次跋涉，是西南联大"刚毅坚卓"精神品格的真正基石。

湘黔滇旅行团抵达黔东重镇——镇远

湘黔滇旅行团渡盘江

剛毅堅卓

国立西南联合大学校训

國立西南聯合大學校訓

湘黔滇旅行团在途中休息

湘黔滇旅行团抵达宿营地——玉屏县

湘黔滇旅行团到达湘黔两省交界县——晃县，看到因生活所迫而背运桐油的"山背"

司家营17号闻一多、朱自清旧居（清华文科研究所旧址）

　　来到昆明后，闻一多先生的家里什么家具都没有，可以说是家徒四壁。闻一多先生就把包装煤油桶的四只木箱改成了写字桌，放置于家里最显眼的位置。从1941年秋开始，闻一多一家八口在龙头街司家营住了近三年时间，这是闻一多在昆明住得最久的一处地方。为了节省一点木炭，他每天早晨到河边洗冷水脸；因生活拮据吃不起肉，闻一多就带上孩子们去稻田里逮蚂蚱烧了吃，并风趣地对儿女说："蚂蚱当虾米，豆腐当白肉。"然而心系文学的学霸就算在这样艰苦的环境中也不忘创作和研究。

闻一多全家在云南昆明西仓坡住宅前合影。左起：三子闻立鹏、闻一多、长子闻立鹤、夫人高孝贞、小女儿闻惠羽、大女儿闻名、赵妈（老保姆）、二子闻立雕（赵沨 摄）

《闻一多先生捉蚂蚱》手绘插图

闻一多在治印

1940年,西南联大中文系教授在昆明大普吉镇合影。左起:朱自清、罗庸、罗常培、闻一多、王力

《闻一多先生治印》手绘插图

闻一多先生家学渊源，对文史、诗词歌赋都有极深的造诣。朱自清评价"闻一多是中国抗战前唯一的爱国新诗人，也是创造诗的新格律的人，他创造自己的诗的语言，并且创造自己的散文的语言"。

他也擅长治印，这主要是在西南联大时期。当时，闻一多虽是一名教授，但所拿薪水却无法养活家人，于是就挂牌治印补贴家用，在龙泉镇司家营时，他白天工作，晚上抽时间刻印。

1944年，他在一封信中说："弟之经济状况，更不堪问。两年前，时在断炊之威胁中度日。乃开始在中学兼课，犹复不敷。经友人怂恿，乃挂牌刻图章以资弥补。最近三分之二收入端赖此道。"

清贫的教授却依然坚持研究学问的深度和认真教学的态度，这非常值得我们敬佩和学习。

第 四 章
闻一多的爱情故事
WEN YIDUO'S LOVE STORY

如果你穿越民国，在那个包办婚姻盛行的年代，你的父母也为你安排了一桩婚事。但你对这位爱人却毫不看好，谈不上一丁点儿爱情，即便你已经娶了她，那么，你今后还有可能会爱上这位妻子吗？

答案是不确定的，但有一位民国青年用自己的一生回答了这个问题，因为有一种爱情叫"先婚后爱"。而且感情也是可以慢慢培养出来的，当然，只有你善于且愿意用心去培养，经过曲折的人生培养出来的感情，才是永远回味无穷的。也只有对爱情忠实的人，才能尝到爱情的滋味。

闻一多的父亲闻邦本是清末的秀才，母亲刘氏是太学生的女儿。先生自幼酷爱读书，聪敏勤奋，因文采卓然而闻名乡里。闻家远房表亲高承烈对闻一多欣赏有加，认为他将来必有出息，因此主动来到闻家，提出要将女儿高孝贞嫁给闻一多。而高家亦是书香且殷实之家，与闻家门当户对，亲上加亲，可谓天作之合，所以闻家父母便欣然同意了。

闻一多先生在清华接受的是西方式教育，倡导自由恋爱，他曾说："严格说来，只有男女间恋爱的情感，是最热烈的情感，是最高最真的情感。"

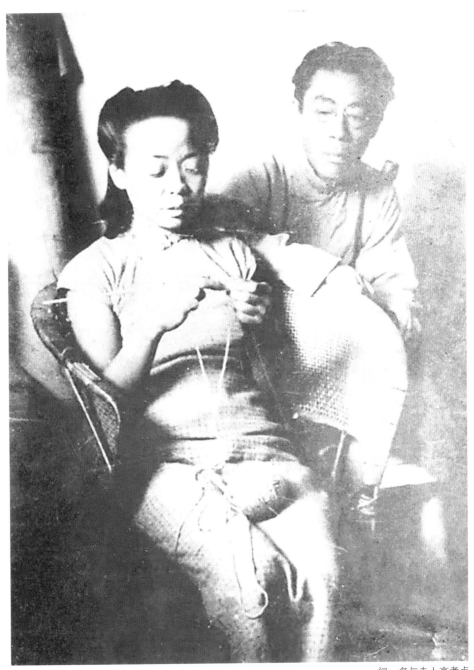

闻一多与夫人高孝贞

闻一多婚礼当天的全家福

　　因此，闻一多先生对爱情有多渴望，就对这种包办婚姻的形式有多抵触。所以，在婚后的很长时间，闻一多对妻子高孝贞都比较冷淡，经常自己一个人在书房看书，还得了个"醉书"的称号。直到后来，通过生活中无言的陪伴，才使得二人开始相爱，也许这也是爱情的一种表现形式吧。闻一多先生也正是在后来在与妻子的相处过程中，才逐渐发现了高孝贞的温柔和贤惠，意识到她和自己一样，是受到封建社会压迫的受害者，从此以后便转变态度，鼓励高孝贞去读书上学，解放妻子的思想。

《闻一多与高孝贞》手绘插图

后来闻一多先生去美国留学时，经常写信关心妻子的学习情况，在那个见字如面的年代里，在一封一封的家书中，闻一多先生对妻子的感情发生了微妙的变化，慢慢迸发出爱情的火花。远在异国他乡的闻一多，写下了著名的组诗《红豆》，表达对妻子高孝贞的爱与思念。

我俩是一体了！
我们的结合，
至少也和地球一般圆满。
但你是东半球，
我是西半球，
我们又自己放着眼泪，
做成了这苍茫的太平洋，
隔断了我们自己。

闻一多《红豆》节选

闻名（右）、闻立鹏（左）和父亲闻一多在昆明（赵沨 摄）

《迎送闻一多进城上课的一家人》手绘插图

1941年，闻一多一家居住在昆明北郊龙泉镇司家营的清华文科研究所。高孝贞性格开朗，尽心尽力把小家照顾得井井有条，男主外女主内，夫妻恩爱亲密，闲暇时光两人一起读读唐诗，逗逗儿女，生活自有一番乐趣。

闻一多与妻儿

    闻一多先生去西南联大上课时,妻子高孝贞就带着5个子女去
司家营村口送他,等闻一多先生下课回家,妻子高孝贞又带着孩子
们在司家营村口迎接他。日子过得清贫,闻一多先生时常带着几个
孩子去田埂里抓蚂蚱,油炸以后戏称是油炸大虾;吃不起肉,就把
龙头街的豆腐当作蛋白质补充营养,戏称是白肉。就这样,闻一多
先生一家在司家营过了近三年清贫乐道的生活。他曾对好友说:"世
上最美好的音乐和享受,莫过于午夜间醒来,静听妻室儿女在自己
身旁之轻轻的、均匀的呼吸声。"幸福之情溢于言表。

闻一多与高孝贞的爱情没有一见钟情的开始，他们在颠沛流离中互相搀扶，在艰难困苦中相濡以沫，在战火纷飞中不离不弃，他们的爱情在曲折的生活中分外有情调，好似一坛美酒在岁月中酿出醉人的醇香。闻一多先生遇害后，高孝贞女士悲痛万分，心脏病发作，在医院躺了3个月。后高孝贞改名为高真，带着儿女，冒着生命危险，穿越国统区，投身到解放区。她的这一义举受到了党和政府的高度赞扬。

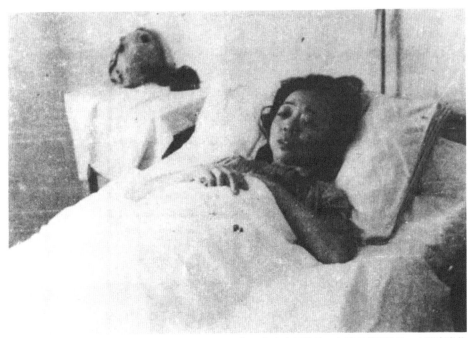

闻一多先生牺牲后，高孝贞悲痛欲绝，心脏病发作

闻一多在云大至公堂做演讲

昆明西仓坡闻一多先生殉难处

57

第 五 章
朱自清和浦江清在
龙泉的学术生涯

THE ACADEMIC
CAREERS EXPERIENCE OF
ZHU ZIQING AND
PU JIANGQING IN LONGQUAN TOWN

闻一多先生在司家营有两位室友，他们是朱自清先生和浦江清先生。

朱自清先生出生于江苏省东海县，也就是今连云港市东海县平明镇。他是中国现代杰出的散文家、诗人、学者、民主战士。先生最初的名字并不叫朱自清，在他刚出生时，他的父亲朱小坡为其取名朱自华，这是源自苏东坡的诗句"腹有诗书气自华"。后来在求学期间，因家庭经济开始出现困难，朱自清先生为了表明自己不畏清贫、高洁自守的决心，引用了《楚辞·卜居》中"宁廉洁正直以自清乎"一句，正式将自己的名字改为朱自清。

朱自清　　　　　　　　　　　　　　　浦江清

浦江清　朱自清

"清华双清"

浦江清先生是江苏松江人，也就是今上海市松江区人，他是著名的古典文学研究专家。曾任教于清华大学、西南联大、北京大学，与朱自清合称"清华双清"。浦江清先生生活兴趣广泛，他爱听戏、会吹笛，喜欢唱昆曲，他在上文学课讲到戏曲时，间或唱上一段，使学生加深感受。浦江清先生还曾与俞平伯、汪健君先生等人创办了"谷音曲社"。

　　这对号称"清华双清"的文化大师，因西南联大而来到昆明，又因日本军机对昆明的轰炸而与龙泉镇结缘。1941年8月，清华大学在昆明北郊的龙泉镇司家营，成立了清华文科研究所，清华的一些教师都搬到龙泉镇居住，朱自清和浦江清先生就是在这个时候搬到司家营的。清华文科研究所是设在村民司荣家新建的"一颗印"宅院，其为木质结构的建筑，有一方小小的天井，楼上可以晒到阳光，楼下则很阴暗，但环境比较安静，没有空袭惊扰，便于著作研究。如今，司荣、司永寿父子都已经去世，但据司永寿的媳妇刘崇兰和他的妹妹司兰英回忆，闻一多全家住在进门右边的一个侧楼里，朱自清和浦江清先生都是单身一人，遂合住在闻一多先生一家对面的侧楼上，中间楼上是图书资料室，也是公用的书房和办公室。这一说法，在2018年闻一多先生的儿子闻立鹏先生回到闻一多、朱自清旧居参观时，得到了证实。

　　在清华文科研究所住的第二年，朱自清先生便重新开始研究古文字。他研究古文字时常对友人说"甲骨文金文的材料究竟不太多，一松劲儿就会落在人家后边"。后来，朱自清又开始研究伏羲神话等文献资料。在司家营居住的两年多时间里，朱自清写出了《诗言志辨 经典常谈》等著作，这是朱自清在古典文学理论上的又一重要贡献。

　　与朱自清先生同住一个房间的浦江清先生，也是一位国学大师，并且一生著作良多，著有《屈原》《八仙考》《花蕊夫人宫词考证》《词的讲解若干篇》《朱自清全集》等。曾任天津《大公报》文学副刊编辑，还与朱自清在1940年共同创办了《国文月刊》。

西南联大师生经常游历的昆明大观楼

老昆明街景（一）

老昆明街景（二）

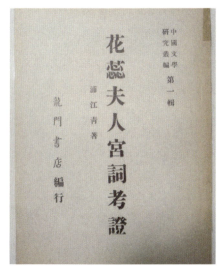

浦江清《花蕊夫人宫词考证》

朱自清《经典常谈》

朱自清《诗言志辨 经典常谈》

国文月刊

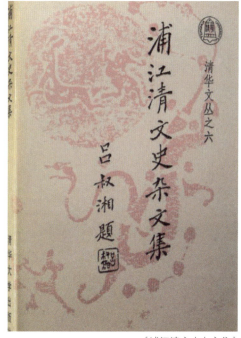

《浦江清文史杂文集》

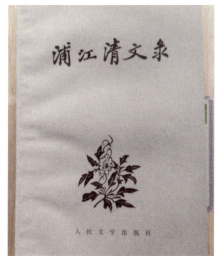

《浦江清文录》

《朱自清全集》

天津《大公报》

浦江清居住在司家营时，除了进行学术研究，也是一位忠实的昆曲票友，并且在昆曲方面的研究造诣极高。当时，他除了在西南联大讲授宋元明清文学史外，也会偶尔做客当时的昆明广播无线电台进行昆曲演唱。浦江清在1943年的日记中就曾经写道，他在元旦那天，以客座嘉宾的身份受邀到昆明广播无线电台进行昆曲演唱。其实，当时在西南联大的教授和夫人中，喜欢昆曲的并不在少数，但浦江清却是其中的佼佼者，在浦江清的日记中，就有大量他在司家营住处和其他西南联大教授家唱昆曲的片段，甚至在1943年2月6日的日记中留下了"归时，余戏咏，一去二三里，烟村四五家"的话语。

这就是居住在司家营的朱自清和浦江清先生，所谓文人之不俗，大概就是如此。

第 六 章
冯友兰住弥陀寺记

THE DAIRY OF FENG
YOULAN'S LIVING IN THE
MITUO TEMPLE

　　冯友兰先生是河南省南阳人，他是当代著名的哲学家、教育家。1918年，冯友兰先生毕业于北京大学哲学系，后来取得了美国普林斯顿大学、印度德里大学、哥伦比亚大学名誉文学博士。在现在看来，冯友兰先生毫无疑问也是一个"十足的学霸"。回国后，冯友兰历任清华大学教授、哲学系主任，西南联大教授、文学院院长等职务。冯友兰先生一生著作等身，对中国现当代学界乃至国外学界影响深远，被誉为"现代新儒家"。

　　对于冯友兰的著作，我们可以用他自撰的楹联概括为："三史释古今，六书记贞元。""三史"是指《中国哲学史》《中国哲学简史》《中国哲学史新编》。"六书"是他的《新理学》《新世训》《新事论》《新原人》《就原道》《新知言》的六部哲学著作，通过《贞元六书》，冯友兰创立了新理学思想体系。

冯友兰

冯友兰先生居住的龙泉镇原貌

龙泉小学师生合影（一排左一为赵崇义）

龙泉小学杨校长和李茂先（李光发　提供）

69

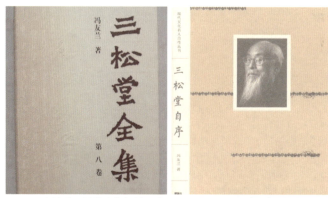

冯友兰《三松堂全集》第八卷　　　　冯友兰《三松堂自序》

冯友兰《三松堂全集》

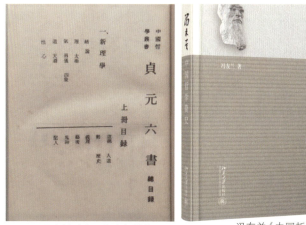

冯友兰《贞元六书》繁体目录　　　冯友兰《中国哲学简史》

《冯友兰在弥陀寺写作〈贞元六书〉》手绘插图

冯友兰《贞元六书》

时间回溯到1938年10月，中央研究院历史语言研究所的学者们带着总计1000多箱、重约100吨的大批珍贵文物和文献资料来到龙头村，继续他们的学术研究。此外，梁思成率领的中国营造学社、傅斯年任所长的北大文科研究所也云集于此。一时之间，龙泉镇成为抗日战争时期的文化中心之一。而最早把龙泉镇称为文化中心的就是冯友兰先生。

《贞元六书》中的《新原人》，就是冯友兰于1942年在龙头村的油灯下完成的。由此可见，冯友兰在龙头村的哲学世界，思考的是民族的复兴。

在龙头街时，冯友兰除了写作、教学，社会活动也颇多。每周，冯友兰有几天要进城到西南联大上课，步行要三个多小时。他一把黑髯、一袭长衫、一副圆圆的眼镜，加上壮实的身躯和宽厚的面庞，给学生们留下了深刻的印象。冯友兰先生在龙头街时几乎不做家务，之所以能够专心致志沉浸在他的哲学世界中，全因他有一位贤内助。冯友兰的夫人任载坤，毕业于北京女子师范学校，曾任河南女子师范学校预科算术教员。为了支持冯友兰的工作，她当起了家庭主妇。当时的昆明物价飞涨，冯友兰一家生活艰难。为了节省开支，任载坤除了张罗家里的一切杂事，还靠做手工挣几个小钱，添补家用。他们在东岳宫厢房住时，旁边是个小学——龙泉小学，任载坤一度在院里设了一个油锅炸麻花，学生下课了就来买麻花吃。后来冯友兰先生的女儿冯钟璞生病休学在家，任载坤便经常为女儿补习功课。冯钟璞回忆："静静的下午，泥屋，白木桌，母亲携我坐在桌前，为我讲解鸡兔同笼四则题。父亲从城里回来，笑说这是一幅乡居课女图。"这些情景，成为永远珍藏在冯钟璞心中难以忘怀的图像。

《任载坤在龙泉小学门口炸麻花》手绘插图

冯钟璞和母亲任载坤　　　　　　　　　　　冯钟璞与父亲冯友兰

冯友兰全家在清华大学乙所院中合影。
后排左起：任载坤、吴清芝、冯友兰；
前排左起：长女钟琏、长子钟辽、次女钟璞、次子钟越

　　抗日战争胜利后，三校北返，为纪念西南联大的光辉历史，校园里树立了国立西南联大纪念碑。冯友兰撰写的碑文洋溢着热烈的爱国主义思想，抒国家盛衰之情，发民族兴亡之感，是中国现代史上一篇重要的文章，为世人所珍重。1952年后，冯友兰一直担任北京大学哲学系教授。他开始研究马克思主义，以马克思主义为指导研究中国哲学史。95岁高龄时，冯友兰完成了七卷本的里程碑式的《中国哲学史新编》。1990年在这本巨著完成四个月后，冯友兰先生就去世了。

冯友兰与任载坤

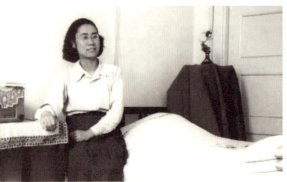

青年冯钟璞

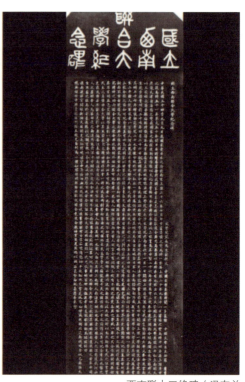

西南联大三绝碑（冯友兰
撰文、闻一多篆书、罗庸书丹）

　　冯友兰旧居就位于昆明市盘龙区龙泉街道宝云社区，他作为清华文科研究所的所长，居住在弥陀寺的一间大殿。因为中央研究院历史语言研究所的研究员也曾在此工作，所以弥陀寺就作为冯友兰旧居和中央研究院历史语言研究所（以下简称"史语所"）旧址被保存了下来。如今，在旧居的旁边，仍然是学校，在孩子们的读书声和嬉闹声中，这里永远都是一座丰盈的精神殿堂。

第 七 章
建筑大师唯一的自建房

THE ARCHITECT'S ONLY

SELF-BUILT HOUSE

说起梁思成和林徽因，你可能听过太多的故事，他们的爱情触动着一代又一代的人，并且作为中华人民共和国国徽和人民英雄纪念碑的主要设计者，他们对整个中国建筑史研究的贡献是不可磨灭的，两人一生都在与建筑打交道，却只留下一座亲手所建的属于自己的房屋，这座小屋便成了唯一。

梁思成、林徽因考察途中

　　故事要从1937年开始讲起，卢沟桥事变后，北平沦陷，为了躲避战乱，梁、林夫妇携家人于1937年9月离开古都北平，南下长沙。后来日军轰炸长沙，全家又搭乘破旧的公共汽车，历经40天长途跋涉，从长沙一路奔波至昆明。在日军轰炸长沙的时候，一颗炮弹正巧落到了梁思成先生家的院子里，而当时一家人正在院子里，万幸的是这是一颗哑弹。

梁思成与林徽因在天坛祈年殿合影

来到昆明以后，梁思成和林徽因先是借住在昆明巡津街9号，一所名为"止园"的宅院里。由于不知道战争何时结束，回北平的日子遥遥无期，他们下决心设计和建造一所属于自己的住房，并以此为家。在当时，盖一栋房子，对于流落他乡、囊中羞涩的梁、林二人来说，无疑是非常艰难的。为了建造这栋房子，他们不得不耗尽所有的积蓄而陷入窘境之中，林徽因甚至把美国朋友费慰梅女士寄给她治病的100美元，都用来支付建造房屋的费用。大家可以想象，两位建筑大师在龙泉镇的乡村，做起了木工和泥瓦匠，甚至还帮忙运送盖房子的木料，是怎样一幅令人动容的画面。

1938 年，梁思成、林徽因与朋友们在昆明西山华亭寺。
左起：周培源、梁思成、陈岱孙、林徽因、梁再冰、金岳霖、吴有训、梁从诫

梁思成、林徽因夫妇借住在昆明巡津街9号

梁思成与林徽因

少女时期的林徽因　　　　林徽因与费慰梅（左）

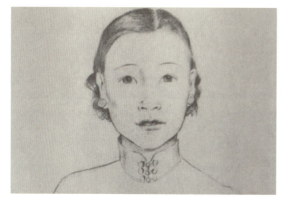
费慰梅为林徽因画的素描

林徽因

林徽因与费慰梅（左）

后排左起：周培源、陈意、陈岱孙、金岳霖
前排左起：林徽因、梁再冰、梁从诫、梁思成、周如枚、王蒂澂、周如雁

房子实际上是在1939年的夏天开工的，到1940年春天才建成。整体建筑既与当地民居相协调，又自成风格。虽然只是几间朴素的瓦舍，却容纳了一代建筑大师，为他们带来了平静与安宁。这所土木结构的平房，约有80平方米，坐西向东，加上厨房大约有130平方米。虽然当时梁、林夫妇经济非常拮据，但是并没有影响他们对生活质量的追求，三间住房全部都是木地板铺就，而且在客厅里设计了壁炉，这些都是附近居民家中没有的设施。

1940年春，林徽因与女儿梁再冰（右）在昆明龙头村自家设计建造的房屋前

林徽因在北平家中

梁思成、林徽因旧居内的壁炉

梁思成、林徽因旧居

1938 到 1939 年林徽因和友人合影于昆明。左起：王蒂澂、林徽因、陈意

梁思成、林徽因旧居 1939 年，林徽因与女儿梁再冰、儿子梁从诫在昆明海源寺

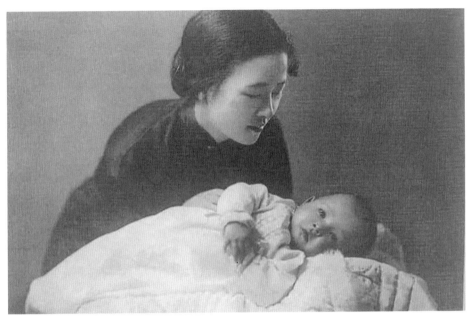
林徽因和女儿梁再冰

　　新居建好后，原有的茶花树和林徽因采集来的野草野花使新居充满了家的味道。住进新居后，林徽因并没有完全沉浸在安居的喜悦中。一方面，在战火纷飞的年代，自己一家人终于有了一个可避风雨的屋顶；另一方面，战争的阴影却仍然随时笼罩着一切。在龙泉镇的生活，留给了林徽因深刻的记忆。房子建起来后，梁思成、林徽因家里买的第一件东西，就是一口瓦窑村李家窑陶制的大水缸，因为家里没有自来水，要用大水缸来储存水。林徽因身体不好，家里的水，大多是由村民陈惠英和她母亲从附近的井里挑来的。而如果要洗澡或洗碗，就得从水缸里舀出水来，在炉灶上烧热才行。当时，任何家庭要是有一个大热水瓶来储存热水，都可以算作一个稀奇的物件了。

《梁思成、林徽因古建测量》手绘插图

左起：林徽因、梁思成、梁再冰、林母

《在龙泉镇做家务的林徽因》手绘插图

　　除此之外，林徽因和她的母亲何雪媛经常还要踏着尘土或泥泞，跋涉到龙头街去买菜和生活用品。如今看来，也许那个会烧水洗衣、买菜做饭的林徽因，才是住在人间四月天，最有烟火气的才女。建房的艰辛和生活的艰难，使林徽因对老百姓的生活有了更深刻的了解，对柴米油盐和养儿育女有了切身的体会。在房屋建好后不久，林徽因和梁思成的好友金岳霖也来到龙头村，在他们的住宅右侧加盖了一间"耳房"。

　　时至今日，在龙泉镇，两位建筑大师亲手所建的自用住房能保留下来，不能不说是一个奇迹。经历了岁月沧桑，他们的住宅后又住过金岳霖等西南联大的教授，也曾经被当作医务室。后来，经过许多专家的考证和梁思成、林徽因后人的确认，该住房才得以被重新发现并被列为云南省级文物保护单位。这是我们昆明人的幸运。尽管旧居经过了整修，但是，这里基本还是80多年前的模样，而且默默书写着一代建筑大师梁思成和林徽因在龙泉镇的动人故事与爱国情怀。

PALAZZO VENDRAMINI
VENICE.

Kolegiato 钢笔

Lowijs
Xru male
右旁

THE CAPITAL ROME

斜塔人物

梁思成、林徽因手绘建筑图

是你,是花,是梦,打这儿过
此刻像风在摇动着我;
告诉日子重叠盘盘的山高,
清泉潺潺流动转狂放的河,
孙绮林里闲着鲜妍花,
细香常伴着圆月静天里过;
且有神仙纱绫的浮出紫烟,
彩绸飘忽映影在山溪前,
给人理想和理想上
铺香花,收心祝心合着唱,
直到整理舒展成条银河,
长;流在天上一千首歌!

是你,是花,是梦不这理儿过,
此刻像风在摇动着我;
告诉日子是这搅的不清醒,
当中偏响着想不到的一串铃,
树枝理提声着撰曳金镶上翠,
低头⑤的余锡又一抹光辉,
萧条僧前人忘,天上点骇散,
高阁古松望着天香脚下草,
留下檀香木鱼合掌,
在神龛前,在蒲团上,
楼外又楼处幻想幽霞却变成
凤凰搁浅,拄起了塔顶上灯!

二十四年十月 徽因作于北总布

灵感

林徽因诗歌手稿

第 八 章
梁思成、林徽因在龙泉的
几个重要事件

SEVERAL IMPORTANT
EVENTS OF LIANG SICHENG
AND LIN HUIYIN IN
LONGQUAN TOWN

　　昆明北郊的龙泉镇是1928年正式命名的，镇内有好几个村子相连，其中麦地村有一座兴国庵是一个古老的寺庙，占地面积约十亩，大雄宝殿和观音殿较为宽敞，殿外绿树成荫，环境清幽。庭院里种植的桂花树在金秋时节散发出迷人的清香。观音殿天井里同样种植着盆栽的茶花和杜鹃花。在抗日战争期间，一批中国最优秀的古建筑学家、建筑史学家刘敦桢、刘致平等在这里工作生活。后来主持设计中华人民共和国国徽和人民英雄纪念碑的梁思成和林徽因也来到这里，他们还为西南联大设计了新校舍。

《国徽设计者梁思成和林徽因》油画

梁思成与林徽因为西南联大设计的校舍

林徽因为人民英雄纪念碑设计的雕刻装饰

这批精英组成的团体，有一个今天已不再使用的名称——"中国营造学社"。梁思成与林徽因来到昆明，生活才稍微安定，梁思成便想恢复营造学社的活动。重新组建的中国营造学社只有6人：梁思成、林徽因、刘敦桢、刘致平、莫宗江和陈明达。学社恢复后所开展的第一项研究工作，就是对昆明的古建筑进行调查。

刘敦桢

陈明达　　　　　　　　莫宗江　　　　　　　　刘致平

中国营造学社成员在天坛祈年殿

梁思成（后）、莫宗江（前）

莫宗江在工作

日伪宣传画

　　1938年年初，梁思成及营造学社搬到郊区龙泉镇的麦地村。为什么搬到麦地村呢？其主要原因是和史语所有关。日军攻陷北平后，梁思成先生收到了一封"东亚共荣协会"的请柬，梁思成和林徽因意识到，日本人已经开始注意到梁思成和中国营造学社，因此他们匆忙带着家人离开了北平。因为离开地比较匆忙，未能将营造学社的图书资料带出，在昆明恢复研究工作后，最缺乏的就是图书资料。他们只有依靠史语所的图书资料，才能开展研究工作，因此，营造学社就搬到了史语所所在地，龙头村附近的麦地村。

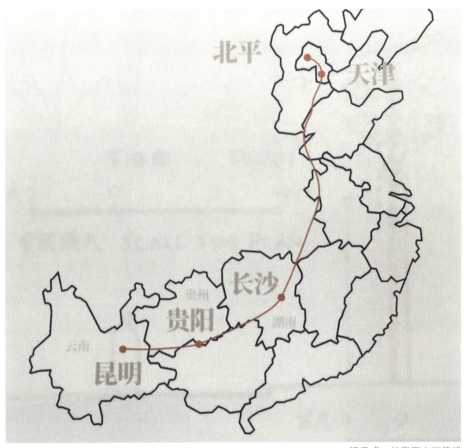

梁思成、林徽因南下路线

　　在1938年10月至11月期间，梁思成先生带队考察了包括圆通寺、真庆观大殿、筇竹寺、海源寺、金殿等50余处昆明古建筑。后来又与史语所的李济、石璋如、梁思永等人组成"天工学社"，调查昆明的手工制造业。而此时，林徽因则留守在营造学社的"大本营"兴国庵内，主持日常工作，就在留守大本营期间，林徽因还完成了云南大学女生宿舍"映秋院"的设计。云南大学"映秋院"的名字，是由当时云南省国民政府主席龙云的夫人顾映秋而得名，因为林徽因设计并修建的这栋映秋院就是顾映秋出资赞助的。

昆明金殿

海源寺旧照

《营造学社同人考察昆明古建》手绘插图

　　龙泉镇麦地村，是梁思成和同事第一个定居下来的村庄，附近的农村为他们的调查研究提供了丰富的素材和实例。我们从《中国古建筑图典》中看到"民居"部分的80多幅照片中，昆明龙泉镇的民居照片就多达20幅，几乎占了四分之一。如果不是梁思成和营造学社当年驻扎于此，并对这里的民居建筑进行了研究，绝不会有这些珍贵的历史照片留存到今天。从1938年1月到1940年11月，梁思成、林徽因夫妇在昆明近三年时光留下的足迹，成就了云南古建筑文化史、考古史和文学史上的一段佳话。

云南昆明小麦村民居入门
Gate, Residence in Xiaomai Cun, Kunming, Yunnan
拍摄省 昆明 小麦村 民家の楼口

云南昆明小麦村民居楼口
Upper Residence in Xiaomai Cun, Kunming, Yunnan
拍摄省 昆明 小麦村 民家の楼口

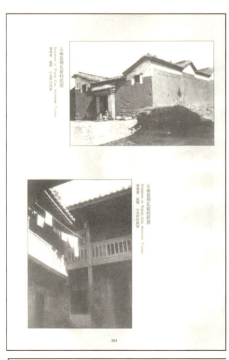

云南昆明五家村民居
拍摄省 昆明 五家村の民家

云南昆明五家村民居
Upper Residence in Wujia Cun, Kunming, Yunnan
拍摄省 昆明 五家村の民家

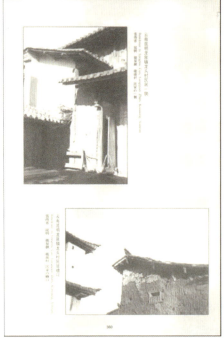

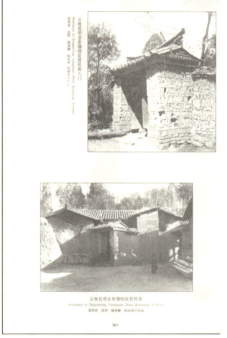

云南昆明龙泉镇移座型民居
Residence in Zhaqiuying, Longquan Zhen, Kunming, Yunnan
拍摄省 昆明 龙泉镇 移座型の民家

营造学社拍摄的龙泉镇"一颗印"民居（一）

98

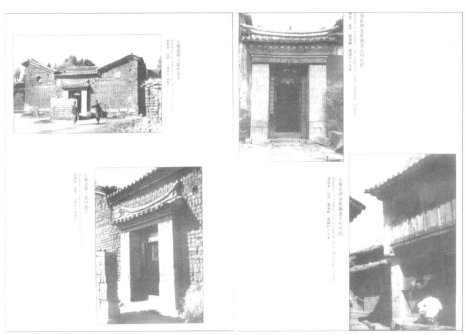

营造学社拍摄的龙泉镇"一颗印"民居（二）

第 九 章
龙虫并雕斋主王力的儿女经
WANG LI'S FAMILY STORY

　　2020年10月23日，在纪念王力先生诞辰120周年座谈会上，王力先生的儿子，原中关村四通集团执行副总裁、四通打字机发明人王缉志谈了父亲的治学风格。王缉志说："父亲一生大部分时间都用在语言学的写作上，对我们兄弟姐妹的影响是潜移默化的，一个是使我们写文章和发言都比较有条理，文理通顺，不写错别字；另一个是有创新精神，父亲一生都在创新，写出了《中国语法理论》等具有创新性的著作，兄弟姐妹都遵循这种创新精神。父亲做学问谦虚谨慎，龙虫并雕，为后人做了榜样。"

王力

王力 王力在创作书法

1984 年，王力教授（右）与苏联语言学家宋采夫

1981 年，王力教授与叶圣陶先生（左）

1981 年，王力教授在书房

《龙虫并雕斋诗集》

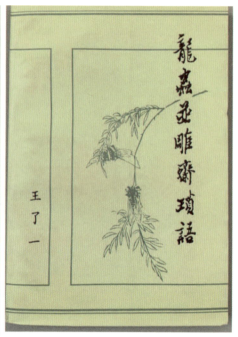
《龙虫并雕斋琐语》

国家图书奖

获奖证书

王力 同志:

    您主编的《   王力古汉语字典   》
一书荣获第五届国家图书奖。特颁此证。

中华人民共和国新闻出版总署

2001年11月

《王力古汉语字典》获国家图书奖

　　王力，字了一，1900年8月10日生于广西博白县，是中国著名的语言学家，中国现代语言学奠基人之一。1932年他从法国巴黎获得博士学位之后就回到了清华大学当教授，1937年卢沟桥事变后，随西南联大到昆明任教。1939年，为了躲避日本军机的轰炸，他在离昆明市区20多里的龙泉镇龙头村租了农民的房子住下。这个房子有上下两层，加起来也不过20平方米左右。上层非常矮，进门都必须低头，屋瓦稀疏，所以漏风又漏雨。

　　王力就在门口贴了一副对联："闲招白云鹤千里，静读黄庭香一炉。"他每天进门总要念一遍这对联，再默念一句《论语》中的："君子居之，何陋之有？"唐朝诗人刘禹锡的《陋室铭》也很贴切王力教授的陋室。王力在身居陋室时能安贫乐道，不与世俗同流合污，不放弃对事业的追求，这也是中国无数优秀知识分子的品格写照。

《任载坤帮助王力太太夏蔚霞生产》手绘插图

　　1941年1月26日，王力的儿子王缉志出生在龙泉镇龙头村这个房子里。王缉志出生的那天是农历庚辰年除夕，父亲王力作为西南联大文学院的教授每周都要进城去上课，前一天进城，第二天上午讲课，晚上又回来。那天，王力正好去上课，不在家。夫人夏蔚霞在头天都没有临盆的迹象，1月26日上午就出现了即将生产的情况，接生婆也是手忙脚乱，幸好冯友兰先生家离王力先生家很近，冯友兰的夫人任载坤赶过来陪伴王力夫人夏蔚霞，协助接生婆接生，直到孩子出生。等到王力回家时，孩子已经出生了，但身上还有血腥味，王力闻见此味道捂着鼻子就跑了出去。这件事被王力太太拿来调侃丈夫，王力也是满怀愧疚。次日，夫妻俩陪着刚刚出生的婴儿度过了一个喜忧参半的春节。

1983 年，王力夫妇回到龙头村与当年的房东合影

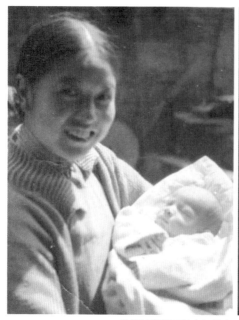

婴儿时期的王缉志与母亲 　　　　　　　　　　夏蔚霞

王缉志与父亲 　　　　　　　　　　儿时的王缉志

王缉志在父亲王力的塑像前

　　王力先生的父亲王炳如是晚清秀才，王力有8个孩子，其中3个是与前妻秦祖瑛所生的两男一女。秦祖瑛不识字，而王力是文科高才生，所以他们的共同语言很少。王力1932年回国后任教于清华，同年向秦祖瑛提出离婚，此时他们成亲已经有16个年头。秦祖瑛虽然有心理准备，但作为一个农村女人，又何尝不失落和伤心，只是她生性好强，从不将悲伤示于人前。秦祖瑛虽然有王力先生的一些资助，但她也不敢放松，依然辛勤劳作，在战乱时期和贫穷闭塞的农村环境中，硬是把三个儿女都供上了学堂，他们在各自的领域均有所建树，实在不容易！大儿子王缉和，文学家，是广西大学和广西师范大学中文系教授，笔名秦似；二儿子王缉平，是广西医科大学教授、广西医科大学附属医院神经内科首任主任；三女儿王缉国，为广西日报社编辑；王缉和的女儿王小莘于1943年出生，她也传承了家业，在华南师大担任古汉语教授。而在王力先生和夏蔚霞女士教导下的5个儿女，不仅个个弹得一手好巴扬，而且在20世纪60年代之后都分别进入北京大学、清华大学、中国人民大学学习，王缉志和王缉惠在商界取得了不小的成就，王缉慈、王缉思和王缉宪都成为经济地理、国际政策方面的教授。

20 世纪 30 年代的广西农村妇女

少年时代的王缉和
在广西博白县城留影

1931 年，王力在巴黎
获得博士学位

王缉和，笔名秦似

1980 年，王力（中）、王缉和（右）、王
小莘（左）祖孙三代在北京大学门口合影

20 世纪 30 年代的广西农村（一）

20 世纪 30 年代的广西农村（二）

法国巴黎埃菲尔铁塔和塞纳河

王缉志、王缉惠、王缉慈和母亲合影

儿时的王缉宪　　　少年时期的王缉志(左)、王缉思(右)、王缉宪(中)

王力全家合影。后排从左到右：王缉惠、王缉慈、王缉志、
王缉思，前排左起：母亲夏蔚霞、父亲王力、王缉宪

113

王缉志（左三）和大学同学

　　王力先生在35岁时觅到了真爱，与22岁的夏蔚霞结婚。夏女士高中毕业，成绩优异，担任图书馆管理员，并且多才多艺，日后随王力先生辗转任教时，还当过音乐教员。王力先生一家，虽然分为两个小家庭，但是他们之间的关系非常融洽。20世纪90年代，夏蔚霞女士及其儿女们多次到南宁与亲人聚会。这和王力、夏蔚霞、秦祖瑛对子女的教育是分不开的。

　　笔者有理由相信，这不是巧合。王力在择偶时，不仅看投缘，也看重人品和肚量。恋爱之初，王力就把自己之前的感情经历告诉夏蔚霞，得到了她的理解和支持。而王力的思想品质自然受益于父母的教育，所以他的父母想必也挑了人品比较好的人家的女儿。秦祖瑛的勤恳、坚强，以及教导子女立志高远，才可能在恶劣的环境下让子女都成才，正如王力先生选择家庭与生活环境一样。而秦祖瑛和她三个孩子带给我们的启示是，如果不能选择环境，那就选择信念。

王力与夫人夏蔚霞

王力和全体家人们

第 十 章
三位哲学家的龙泉生活
THREE PHILOSOPHERS' DAILY LIFE
IN LONGQUAN TOWN

昆明有个龙头村，龙头村有座旧庙弥陀寺，旧庙里住过冯友兰一家和一对犹太夫妇。在龙头村的司家营，闻一多、朱自清、浦江清等人生活、工作在一起，而清华大学文科研究所内的冯友兰、王力等人住在相距一公里的龙头村和棕皮营。

弥陀寺

云大附中师生在龙泉镇弥陀寺学校前合影

云大附中学生在龙泉镇弥陀寺学校大门前合影

青年时期的冯友兰

　　冯友兰与一位德国军官夫妇先后搬进弥陀寺。德国军官本是犹太人，当希特勒宣布反犹政策后，德国军官遭到驱逐被迫来到中国。这对德国夫妻在德国战败后即将回国之际，将自己养的狗送给冯友兰，取名玛丽。冯友兰常常要步行进城到西南联大上课，有时候晚上赶不回来，忠心的玛丽常常会伏在冯家门口，为夫人任载坤和冯友兰的女儿守门，漫漫长夜中母女也多了几分安全感。冯友兰的女儿冯钟璞长大后成为著名的作家，发表了一篇小说《鲁鲁》，而"鲁鲁"的原型就是玛丽。小说以儿童的眼光写狗，写得可爱，也侧面写出龙头村当年的生活风貌，我们不妨找来一读。

冯钟璞和母亲任载坤

宗璞《鲁鲁》

　　当时在龙头村居住的哲学家就有3位,分别是冯友兰、金岳霖和汤用彤。梁思成、林徽因两位著名的建筑学家在龙泉镇乡绅李荫村靠近金汁河的一块地上一生唯一一次为自己设计建盖了住宅,建房不久后,他们的好友金岳霖也在边上紧挨着盖了一间住房,比梁思成、林徽因住房稍矮。有一次金岳霖将关于《知识论》的书稿拿给冯友兰阅读,并请他提意见。冯友兰看后只是偶尔修改了一些标点而已。

《西南联大教授家庭》手绘插图

任继愈先生回忆：因为是单身，金先生的生活相对富足，所以他常接济朋友和学生，抗战期间，不少学生的家乡沦陷了，经济很困难，他一直资助几个学生念书。梁思成和林徽因夫妇、张奚若和杨景任夫妇、钱端升和陈公惠夫妇等都把金岳霖当作家庭的一员，钱端升夫人陈公惠说："老金只身一人初期住在梁思成、林徽因家，后来梁家迁川，老金便移居到我家。"金岳霖、陈岱孙等单身教授慷慨解囊，帮助钱端升家渡过难关，过上月底举债，月初还债的生活，这和老金始终如一地给他们的支援分不开。每当金岳霖从昆明授课回来，钱家的两个孩子都都、弟弟就有了"头儿"，金岳霖用他们的乳名哼出马赛曲，"弟弟、都都、都都、弟弟"，或者以口哨吹出马赛曲，立即就把孩子们吸引住了。有时，金先生给两个孩子讲故事，或者带他们散步。这个"孩子王"很受欢迎，孩子们一见到他，就大叫"爷爸、金爸"。金岳霖满身"童趣"，闲暇时，他便到处搜罗大梨、大石榴，拿着和别的教授的孩子去比赛。如果比输了，就把梨或者石榴送给孩子，他再去买。

在昆明八年，金岳霖生活丰富多彩，著述也很丰厚，学术成绩斐然。跑警报时遗失的《知识论》又重写。他在抗战胜利后返回清华大学，1948年，《知识论》出版了，金岳霖新儒学体系业已建立。

《西南联大教授子女童趣》手绘插画

左起：金岳霖、梁再冰、林徽因、费慰梅姐妹　　　　　　　　　　金岳霖与朋友们

金岳霖（左）与张奚若（右）
留学美国哥伦比亚大学时合影

金岳霖与朋友们　　　　　　　　　　金岳霖

左起：施嘉炀、钱端升、陈岱孙、
金岳霖、周培源、萨本栋、张奚若

右起：叶企孙、陈岱孙、冯友兰、
梅贻琦、杨公兆、张子高

在西南联大时苦中作乐，一起郊游。左起：周培源抱周如玲、陈岱孙、王蒂澂、金岳霖扶周如雁、朱自清、李继侗扶周如枚

金岳霖与朋友们合影

一代哲学宗师金岳霖

金岳霖《知识论》 　　　　　　　　　　　　　《金岳霖新儒学体系研究》

《汤用彤上哲学课》手绘插图

20世纪30年代，北京大学校园流传这样一种说法：哲学家汤用彤沉潜、国学家钱穆高明、史学家蒙文通汪洋恣肆，是"北大岁寒三友"。1938年春天，汤用彤、贺麟等取道广西，随长沙临时大学转赴昆明西南联合大学。至昆明，暂住迤西、全蜀两会馆后院楼下大厅。在日机轰炸昆明后随北大文科研究所住在龙头村。在西南联大学生的记忆中，上汤用彤教授的课从来都不敢马虎。汤用彤教授在讲到哲学家的著作、术语和命题时，经常是用英语的，并且语速很快，中间从不停顿直到下课。学生一旦听漏了其中一段就无法跟上老师的思路，只能全神贯注地边听边记笔记，不敢记漏一字一句。汤用彤先生学贯中西的讲课方式和学生一丝不苟的学习态度让我们十分钦佩。

汤用彤教授的《魏晋玄学之研究》《魏晋文学与思想之关系》《魏晋时代圣人之观念》，都是一家之言。他在印度佛学方面也有独到的研究。汤用彤身材胖胖的，走起路来一歪一歪的，为人正直诚恳。

汤用彤在战时的昆明，生活陷入了窘迫的境地。一度每顿吃粥度日，难得能有一次机会上小饭馆里吃一碗担担面，就算是打牙祭。纸烟是一根一根地买，而且烟质低劣，吸一口，满口辣味，只为过一下烟瘾而已。1941年，西南联大哲学心理系学生，中共地下党员冯契到昆明郊区龙头村北大文科研究所暂住。汤用彤先生指导的研究生王明为冯契安了一个书桌，为他认真授课。季羡林评价汤用彤：这样"真正的学者""真正的大师"，的确令人景仰。当代中国哲学界代表性人物汤一介就是汤用彤先生的儿子。

蒙文通　　　　　　　　　　　钱穆

汤用彤　　　　　　　　　　　贺麟

第 十 一 章
严济慈与蔡希陶的友谊

THE FRIENDSHIP
BETWEEN YAN JICI AND
CAI XITAO

　　1923年10月12日，中国现代物理学开拓者，享誉中外的科学家、教育家，后来成为中国应用光学与光学仪器工业的奠基人之一的严济慈先生乘坐邮轮"高尔地埃"号从上海启程前往法国。他在海上写信给在东南大学读书的未婚妻，信中写了一句"我心似水志如舟"，表明了这位青年学子努力学习西方科学知识的决心。

严济慈

严济慈与张宗英

严济慈与张宗英结婚照

《严济慈与蔡希陶》手绘插图　　　　徐悲鸿为严济慈画的肖像素描

　　1938年7月，抗战爆发后，学有所成的严济慈回到祖国，在香港上岸。这时西南联大和中央研究院、北平研究院的许多研究所也搬迁到了昆明，同乡蔡希陶在昆明黑龙潭建立了植物研究基地，于是严济慈与北平研究院的负责人商量，把北平研究院物理研究所和其他研究所也搬迁到昆明。

《严济慈：法兰西情书》

　　严济慈后来回忆在昆明的生活和工作时说："我们到昆明，先是住在一家法国人开的旅馆，然后四处奔波，到处找房子。起初我在昆明住家，北平研究院办公室也在城里。物理研究所在城里找不到地方，这时植物学家蔡希陶在黑龙潭有一个昆明植物研究所，蔡希陶也是浙江东阳人，我的同乡。云南四季如春，气候很好，植物种类很多，蔡希陶的植物研究所在黑龙潭有一座小房子。我看中了黑龙潭的一座古庙，那是一座多年无人居住的破庙，略微打扫收拾，就在这座庙里办研究所。"严济慈这里说的"一座古庙"，就是龙泉观有唐梅、宋柏、明茶"三异木"的真祖殿。他们的工作人员主要就居住在真祖殿右侧叫"云亭"的小院内。

宋柏　　　　　　　　明茶　　　　　　　　　　　　唐梅

民国时期的昆明（一）

民国时期的昆明（二）

民国时期的昆明（三）

黑龙潭

黑龙潭龙泉观

133

北平研究院物理研究所于抗日战争期间在昆明黑龙潭制造的显微镜

　　北平研究院成立于1929年，是我国除中央研究院之外的最重要的研究机构。抗日战争时期，科学火种大半维系在西南。小小的龙泉观便聚集了由两位浙江东阳人主持的科研机构，一个是蔡希陶主持的云南农林植物研究所，就是现在的中科院昆明植物所前身；另一个便是严济慈领导的北平研究院物理研究所。随后，北平研究院的化学研究所也迁到了龙泉观，史学研究所则在黑龙潭附近的落索坡村。

　　在黑龙潭的几年里，他们制造了供医疗和科研教学所需的500架1500倍的显微镜；制造了1000多具供我国抗日部队和盟国英国驻印度军队用于稳定无线电发报机波频的水晶振荡器和300多套军用五角测距镜与望远镜；制成了国产第一台水准仪，精度相当于德国蔡司仪器厂的NIC式水准仪，定名为"丙式水准仪"。严济慈和钱临照都是当年走在国际光学研究领域前沿的著名专家，他们把理论用于实践，克服设备简陋的重重困难，解决了一个个问题并亲自动手磨制镜头，制造了这批直接为抗日战争服务的重要仪器设备，为抗日战争的胜利做出了不可磨灭的贡献。

无线电发报机

望远镜

《北平物理研究所在黑龙潭研制抗战部
队所需仪器》手绘插图

严济慈在北平物理研究所实验室

钱临照

北平研究院物理研究所同人。前排左二：严济慈，后排左一：钱临照

蔡希陶

　　蔡希陶，字侃如，出生于浙江东阳，毕业于
上海华东大学，植物学家，曾任中国科学院昆明
分院副院长。1929年9月，考入上海光华大学物
理系。在上海读书时，常到姐夫陈望道家，期间
深受瞿秋白、李达、夏征农、鲁迅、冯雪峰、胡
愈之等先生的影响。

陈望道

夏征农　　　　李达

鲁迅

瞿秋白

胡愈之

冯雪峰

民国时期的云南省教育厅厅长龚自知

云南拥有多样性生态环境，分布着从寒带、温带到亚热带、热带的植物种类，是中国植物种类最多的省份，而且许多植物种类为其独有，因而享有"植物王国"的美誉。

1932年2月，前北平静生生物调查所开始组织云南生物调查团，到云南开展植物考察和采集标本，后经专家研究，决定合办云南农林植物研究所，由蔡希陶经长沙来滇筹备，蔡希陶便在云南扎下根来。1932年到1934年，在云南共采集植物标本1.2万余号，足迹涉及盐津、昭通、丘北、文山、屏边、建水等地。发现众多植物新种和新分布种。他们得到了当时的云南省教育厅厅长龚自知的大力支持。1938年5月，云南省教育厅与蔡希陶商定，由教育厅与北平静生生物调查所合作开办云南农林植物研究所。所址就在昆明北郊黑龙潭挂牌成立，同时蔡希陶兼任龙泉公园经理。

《静生生物调查所史稿》   蔡希陶和当地向导

蔡希陶一家

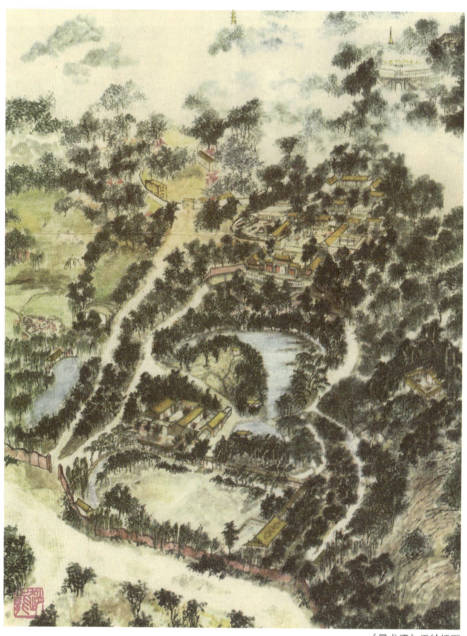

《黑龙潭》手绘插图

抗日战争期间，蔡希陶团结大家自力更生，以种菜、种苞谷、种洋芋、种南瓜、种烤烟来维持基本的生活开支，但仍有青黄不接、无米下炊的日子。蔡希陶一家常年与职工一起搭伙食，还在昆明福照街租了一间铺面开了一家"鹦鹉商店"出售鹦鹉、鸽子等禽鸟及鲜花以维持生计。最困难的时候，蔡夫人曾变卖自己的金银首饰，供农林所买杀虫药剂、保护标本和图书，以维持最基本的科研工作。当时西南联大青年教师吴征镒经常带生物系学生来此参观实习。吴征镒于1958年从北京回到昆明担任中科院昆明植物研究所所长，成为中科院资深院士。

蔡希陶和严济慈都是浙江东阳人，他们都出生在家境贫寒的农村家庭。严济慈生于1900年，比蔡希陶大10岁。他们以对科学事业的执着追求和开拓精神以及高尚的爱国主义情操，在国难当头的时候互相帮助，互相支撑，在不同的科技领域创下了杰出的业绩而享誉世界，受到人民的尊重和怀念。2018年，严济慈、蔡希陶旧居作为近现代重要史迹及代表性建筑，入选云南省第八批省级文物保护单位。

第十二章
老舍先生小住龙泉的故事

LAOSHE'S STORY IN
LONGQUAN TOWN

　　抗日战争时期，老舍先生身为中华全国文艺界抗敌协会总务部主任，承担着主持和领导全国文协的重任。他虽为著名作家，但国难当头，当时的工资和稿费标准都很低，所以他的生活一直很贫困，加之工作劳累，长期营养不良，使他身患贫血、头晕等症。1941年6月，西南联大教授，语言学家罗常培来到重庆看望发小老舍先生，并带来了西南联大邀请他讲演的邀请函。罗常培说怕老舍在重庆闷得慌，所以"约他到昆明来透透风，换换气"。1941年8月26日，老舍在罗常培的陪同下从重庆飞抵昆明讲学和养病，他先住在青云街靛花巷，游访龙泉镇棕皮营，既是会友，亦是交流；后随罗常培迁居龙头村弥陀寺。

　　老舍先生为西南联大做了4次讲演，他的讲演题目是《抗战以来文艺发展的情形》，第一次讲演是在1941年9月8日的下午，地点为潘家湾昆华师范学校，讲演会由闻一多先生主持，中文系的教授们都出席了，他们"站在讲台后面，很像戏曲舞台上元帅升帐的四靠将、四大铠、四龙套和四上手，好不威风"，到底是大作家，教授们也来捧场。在老舍访问昆明期间，好几次讲演都被迫在日机的轰炸下中断，待警报解除后，听众又回到讲演现场。

老舍

老舍（右）与罗常培（左）　　　　　　　　　　　　　　罗常培

被日军炸毁的民房　　　　　　　　　　　　　　　　日军的轰炸

位于昆明西北郊外的西南联大校园

滇池和西山

西南联大租借的省立昆华师范学校校舍

147

民国彩照黑龙潭

民国彩照金殿三天门

148

《老舍先生赴滇讲学》手绘插图

老舍在讲演和创作之余去过翠湖、金殿等地，但近在眼前的圆通山和滇池畔的西山风景区都与他擦肩而过。

老舍在龙头村、棕皮营的时间较长，过得也很愉快，不时听文友们唱唱昆曲，弄弄古琴。时逢中秋，老舍与罗常培出了点钱，和北大文科研究所的研究员、研究生一起过节，"吴晓铃先生掌灶，大家帮忙，居然做了不少可口的菜。饭后，在院中赏月，有人唱昆曲"。另一日是听古琴，像艺术沙龙。老舍在《滇游日记》中记载：正是雨季，无法出游。讲演后，即随莘田下乡龙泉村。村在郊北，距城约二十里，北大文科研究所在此。冯芝生、罗膺中、钱端升、王了一、陈梦家诸教授都在村中住家。教授们上课去，须步行二十里。

研究所有十来位研究生，生活极苦，用工极勤。三餐无肉，只炒点"地蛋"（洋芋）丝作菜。我既佩服他们苦读的精神，又担心他们的健康。莘田患恶性摆子，几位学生终日伺候他，犹存古时敬师之道，实为难得。莘田病了，我就写剧本。

民国时期的昆明翠湖会中亭

大观楼

大观楼远眺西山

西山龙门

黑龙潭宋柏

　　研究所在一个小坡上——村人管它叫"山"。在山上远望,可以看见盘龙江。快到江外的山坡,一片松林,是黑龙潭。晚上,山坡下的村子都横着一些轻雾;驴马带着铜铃,顺着绿堤,由城内回乡。冯芝生先生领我去逛黑龙潭,徐旭生先生住在此处。此处有唐梅、宋柏;旭老的屋后,两株大桂正开着金黄花。唐梅的干甚粗,但活着的却只有二三细枝,东西老了也不一定好看。

　　老舍又记载道:离龙泉村五六里,为鸣凤山。山上有庙,庙有金殿,一座小殿,全用铜铸。山与庙没什么好看的,倒是遍山青松,十分幽丽。

龙泉镇南门楼

查阜西

左一：查阜西，右一：彭祉卿

老舍先生在龙泉村听了古琴。在相当大的一个院子，有五六间平房。绿荫下，一案数桌，彭祉卿先生弹琴，查阜西先生吹箫，查阜西先生精通古乐，能独奏大琴。在这里，大家似乎忘了一切人间的烦恼。与老舍同院住的是陈梦家夫妇，陈梦家先生当时正在研究甲骨文。他的夫人赵萝蕤是《红与黑》的中文首译者，会几种外国语言，也长于音乐，正和查先生学习古琴。由于老舍人缘好，心情好，气候也好，不仅病养好了，还写出了系列散文《滇行短记》、回忆性长文《八方风雨，由川到滇》等反映云南生活的作品。这些文章真实地记录了他在云南的行踪及其所遇、所见、所闻、所思、所感，征服了昆明的听众和读者。

　　老舍先生在昆明时，曾会见了闻一多、冯友兰、沈从文、杨今甫、罗常培、郑天挺等西南联大的教授，他们都是老朋友了，他深为能在昆明幸逢这些老友兴奋、激动不已。他与朋友们一起饮酒赏月、喝茶叙旧、游山玩水。在那国土沦丧、家人离别、饱经忧患的岁月里，这种真挚的友情令他倍感温馨，这对他身体健康的恢复，起到了很大的作用。

第 十 三 章
王守竞，大国工匠的使命

WANG SHOUJING,
THE ARTISAN MISSION
OF A GREAT COUNTRY

1931年九一八事变，日本侵占中国的东三省，1937年7月7日，抗日战争全面爆发。一大批中国的精英、一流的学校、重要的工厂和先进的技术充实到云南昆明各个领域，使昆明的社会、经济、文化、教育等方面都得到了长足的进步和发展。大学教育以西南联大为旗帜，工厂企业以中央机器厂为标杆。

七七事变后，据相关史料显示，此时由于战争影响，沿海一带的工业受到严重打击。为"应国防上之急需"，国民政府拟订了《西南西北工业计划》，确立了以西南为中心的大后方经济战略，将沿海及靠近战线的新式设备迅速向内地（西部地区）迁移，利用已有的机构装备供内地建设，在大后方迅速建设新的工业基础，以支撑战时的中国经济。

云南地方也积极投资兴办实业。为支持抗日战争，云南地方政府利用沿海资金、技术和管理人才，通过合资、独资的方式，兴办40余家骨干企业，连同内地迁来的军事工厂一起大力发展生产。1937年至1945年，是云南经济发展的"黄金时期"。

抗日战争时期的云南军事工业

抢运西迁厂矿企业的机器和物资

抗日战争时期的兵工厂

抗日战争时期的云南地方企业（一）

抗日战争时期的云南地方企业（二）

向内地西部转移设备（一）

向内地西部转移设备（二）

向内地西部转移设备（三）

抗日战争时期上海一带逃难的人群

这是一场维系民族命脉的生死迁徙，1937年8月，淞沪战争爆发，日军开始大举进攻上海，致使占据中国近80%工业能力的东部沿海地区处于日军的威胁下。为保持国力并支持长久抗战，众多的中国工业企业开始了漫漫西迁之路。

随着抗战内迁，云南的工业在很多方面实现了从无到有，如化学工业、电器工业、建材工业、橡胶、面粉等工业也是在此期间建立的。

现在被誉为中国精密机床制造业"一颗明珠"的沈机集团昆明机床股份有限公司（原昆明机床厂），在厂史资料中还记载着曾经中央机器厂的历史。中央机器厂原建在湖南湘潭，抗日战争全面爆发后，5000余吨机器被拆卸，经广州、九龙、香港转运越南，由滇越铁路运达昆明。著名物理学家、哈佛大学理工博士王守竞先生是中央机器厂的首任总经理，抗日战争时期的企业内迁为云南带来了较先进的工业设施和技术，也培养了大批的技术工人和专业人才，以及管理人才。"二战"研究学者戈叔亚说："这次内迁，让云南的近代工业实现了跳跃式发展，在短短几年内取得了长足发展，并奠定了云南工业的基础。"

抗日战争时期的昆明工厂

民国时期的云南工业（一）

民国时期的云南工业（二）　　　　　民国时期的云南工业（三）

民国时期的云南工业（四）

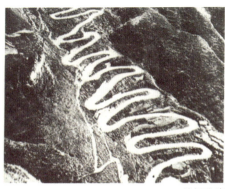

滇缅公路　　　　　　　　王守竞（左一）和外国专家

滇越铁路（一）

滇越铁路（二）

龙云　　　　　　　　　　　　　　　　　缪云台

　　1936年11月，中央机器厂筹备委员会（以下简称筹委会）在南京成立。筹委会由5名委员组成，主任委员为王守竞。1938年4月，王守竞率先由武汉飞抵昆明，在云南省国民政府主席龙云和云南省经济委员会主任兼建设厅厅长缪云台的大力支持下，很快选定北郊三面环山、比较隐蔽、便于防空的昆明龙泉坝子的茨坝作为厂址。

　　1938年5月，一座大型工厂在茨坝一片凸凹不平的山坡上破土动工，一年之内，这片沉寂的红土地上崛起了片片崭新的厂房，一大批现代化的机器在厂房内安装起来。随着工厂迁滇，总经理王守竞的夫人费令宜带着两个孩子也来到茨坝，他们在此居住了7年。1939年9月9日，工厂全体员工隆重举行典礼仪式，费令宜划亮一根小小的火柴，当这象征性的火柴燃尽，全厂电灯大放光明。

王守竞

王守竞塑像

中央机器厂，是我国历史上第一个大型国营工厂，在当时，其规模设备当数中国第一。他们的产品，很大部分具有国际水平，其中绝大部分都是属于"中国第一"，如第一台大型汽轮机和发电机，第一台500马力电动机，第一台30至40吨的锅炉，第一座冶炼硅铁、锰铁的铁合金炉，第一家进行高速钢淬火，第一家完成高强度铸铁工艺，研制出中国的第一批"资源牌"汽车等。

到1943年，中央机器厂进入了鼎盛时期。产品销售到云南、四川、陕西、甘肃、贵州、广西、湖南等8个省区。据这一年8月15日的统计，员工总数由1939年的975人发展到2475人；拥有的机器由215台增至521台；生产经营的品种有动力机械、纺织机械、农业机械、化工设备、特种机械、军工产品6大类54个品种。

《西南联大对昆明发展贡献》手绘插图

中央机器厂还是西南联大工学院机械系、电机系和航空系高年级学生的实习基地。

165

抗日战争时期的柴油汽车发动机

航空系实习场地

抗日战争时期中央机器厂制造的 2000 汽轮发电机

中央机器厂生产的钻床（实物）

《设在茨坝的中央机器厂》手绘插图

昆明机床厂生产的现代数控机床

中央机器厂大门旧址

　　中华人民共和国成立后，全国各地新建起来的机器厂和高等院校、工业部门的研究院所的创业者几乎都是原中央机器厂出来的员工，而且都是创业的骨干力量。

　　1950年2月，中国人民解放军进驻昆明，中央机器厂获得了新生。1951年，工厂先后更名为云南机器厂和西南工业部第二〇三厂，1954年1月，被正式定名为昆明机床厂。中央机器厂改为昆明机床厂后，几十年来发展变化巨大，原有厂房和办公用房都基本拆除重建，除了当年使用的五台进口机床外，只有原工厂大门的两座小门楼保留至今。

　　中央机器厂在中国机械工业发展史上具有先驱和奠基的作用，可以说是中国机械工业的摇篮，其意义和价值怎么估算也不算过分。

第十四章
永远的居民——吴征镒

"FOREVER RESIDENT"—WU ZHENGYI

吴征镒，江苏省扬州市人，植物学家，中国科学院资深院士。1945年加入中国民主同盟，1946年2月加入了中国共产党，1955年6月当选为中国科学院院士，吴征镒参加并领导中国植物资源考察，开展植物系统分类研究，他发表和参与发表的植物新分类群1766个，是中国植物学家发现和命名植物最多的一位，其改变了中国植物主要由外国学者命名的历史。他系统全面地回答了中国现有植物的种类和分布问题，摸清了中国植物资源的"基本家底"。提出"被子植物八纲系统"的新观点。

1933年，刚满17岁的吴征镒准备报考清华大学植物学专业。他征求曾任北洋政府农商部主事的父亲吴启贤的意见，他父亲问："学这个有什么用？"他无法回答父亲的问题，因为植物学科在当时非常冷门，他只是有一种直觉：我爱花草、喜欢做标本，并且会一辈子研究植物。

植物学既是记录植物的"户口簿"，也是研究植物的信息库。长久以来，我国没有自己的植物志，想了解我国生长的植物，不得不翻阅国外的资料。抗日战争时期，吴征镒随清华大学迁往云南。在昆明，吴征镒在茅草房里，用破木箱和洋油桶搭建了一间标本室。从1939年起，历时10年，他整理出3万多张植物卡片。1959年，我国启动了《中国植物志》的编纂工作，而这些小卡片就成为基础材料。

青年时期的吴征镒

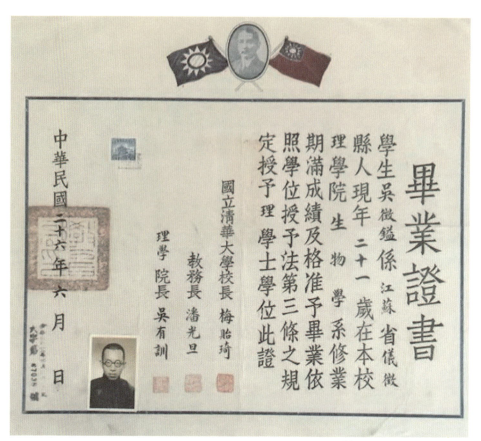

吴征镒的国立清华大学毕业证书

原本山川，极命草木

李继侗

"原本山川，极命草木"吴征镒亲笔书写的这8个字，刻在中科院昆明植物研究所的一块石碑上，而这8个字也成为他一生的写照。

吴征镒成长的阶段，正是中国多灾多难的年代。和多难的国家一样，他也命运多舛，家道中落。1933年，吴征镒考入清华大学专修植物学，幸得李继侗、吴韫珍两位名师指点，又靠五哥吴征铠资助和奖学金才得以完成大学学业。

就在吴征镒毕业后，震惊中外的七七事变爆发了，华夏大地陷入一片战火之中。北京大学、清华大学、南开大学三校在长沙组成临时大学，怀着"科学救国"这一信念的吴征镒加入长沙临时大学从事助教工作。1937年年底，长沙临时大学迁往昆明，他又跟随湘黔滇旅行团及他的老师植物学家李继侗从长沙徒步前往昆明。这一走，就走了整整68天。一路的长途跋涉，使自小生长在书斋里的吴征镒真正亲近到了大自然，走在山岭田野，吴征镒并不以为苦，他在日记中写道："余同李师、毛应斗先生于晨曦中步行。红梅初放，绿柳吐芽，菜花蚕豆亦满田灿烂。"字里行间都体现出他对植物的痴迷，对祖国大好河山的热爱。

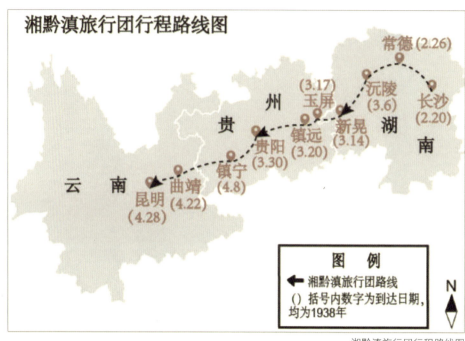

湘黔滇旅行团行程路线图

湘黔滇旅行团抵达昆明

174

湘黔滇旅行团教师合影。右二：吴征镒

云南是我国植物分布最丰富的省份，这里的植物种类占全国的一半以上。在西南联大初期，吴征镒跟随李继侗进行野外植被考察。吴征镒的足迹踏过大理苍山、宾川鸡足山、西双版纳等地，采集了大量珍贵的植物标本。然而，日本敌机经常向西南地区实行狂轰滥炸。在一次日本敌机轰炸中，炸毁了西南联大新校舍南区生物系的两间实验室，幸运的是吴征镒保存的近2万个植物标本没有受损。

西南联大堪称世界教育史上的奇迹，因时局艰难，西南联大师生的生活也都非常困窘，但他们治学的热情却无比高涨。作为与西南联大共命运的吴征镒，也是奇迹的创造者之一，他一边作为年轻教师兼任教学，一边在西南联合大学理科研究所攻读研究生。在那段战火连天的岁月里，吴征镒还默默地完成了一件让人意想不到的壮举。

西南联大时期的吴征镒

吴征镒在滇西考察留影

吴征镒考察中

　　从1939年起，困守昆明的吴征镒，一个人在标本室的油灯下，对照仅有的文献和模式标本照片，以及自己几年来所积攒的昆明、滇西南等地的标本，进行了系统地整理和鉴定。这一工作进行了长达10年的时间，由他亲手整理制作的卡片将近3万张。这些卡片的内容，每一张都深深印在吴征镒的脑海里，正是有了他整理的这3万张卡片，才使得1950年以前，关于中国植物的文献记录和相关资料不至缺失。也正因为有了这3万张卡片，若干年后，我国的植物分类研究及中国植物志的编写才有了最为基础和重要的资料。

《中国植物志》　吴征镒编写的《滇南本草图谱》　　　　　　　　植物标本

吴征镒（右二）在西藏考察时的合影

　　新中国成立后，吴征镒进入新成立的中国科学院。此后的几年间，吴征镒南征北上，参加或领导全国各大区域资源综合考察活动。1950年，吴征镒任中国科学院植物研究所研究员兼副所长，一直生活在昆明黑龙潭区域，是龙泉镇永远的居民。1955年，吴征镒又当选为中国第一批学部委员，成为新中国最早的院士之一。在科研条件有了改善后，他却更加怀念在云南研究考察亚高山针叶林、高山草甸等各式各样的次生植被和在煤油灯下制作标本的日子。

吴征镒院士

2008年1月8日，吴征镒先生获得2007年度中国国家最高科学技术奖。2011年12月10日，国际小行星中心将第175718号小行星永久命名为"吴征镒星"。

西南联大因为抗日战争南迁昆明办校的历史，已经走过80年。而跟着西南联大来到云南的吴征镒先生，却用他自己的一生，走遍了云南大大小小的山头，科考盘点云南的植物及中国植物家底，为"绿水青山就是金山银山"做了最准确的诠释，为云南留下了最珍贵的一笔财富。而云南的山水也成就了这位中国的植物学之父，他的科技成果不仅是云南也是中国乃至世界的宝贵财富。

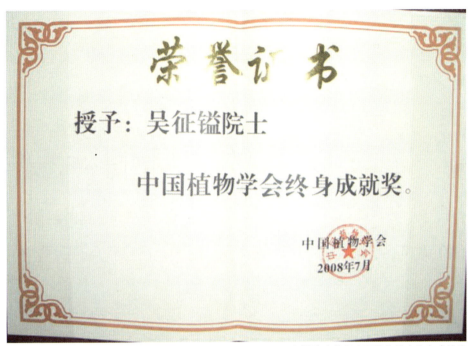

吴征镒院士获得中国植物学会终身成就奖

吴征镒获得 2007 年度中国国家最高科学技术奖

《吴征镒先生纪念文集》

第 十 五 章
史语所的大师们

MASTERS FROM HISTORY AND

LANGUAGE RESEARCH LABORATORY

在抗日战争时期偏于一隅的昆明远郊龙泉镇与民国时期全国最高学术机构——中央研究院有什么关系？

中央研究院下设十多个研究所。抗日战争期间，物理、化学、工程、天文、历史语言5个研究所迁到昆明。中央研究院历史语言研究所简称史语所，成立于1928年。其宗旨是研究和继承我国各民族语言所承载的悠久历史文化。1938年年初，史语所搬迁到昆明。史语所共有职工50多人，眷属80多人，著名学者有傅斯年、李济、李方桂、吴定良、董作宾、石璋如、梁思永、丁声树、王振铎、曾昭燏、吴金鼎、吴宗济等。随时局变迁，史语所于1940年12月中旬，搬到了四川宜宾的李庄。

1928 年，史语所成立

龙泉镇棕皮营村长赵崇义

史语所龙泉镇工作场景

顾颉刚一家

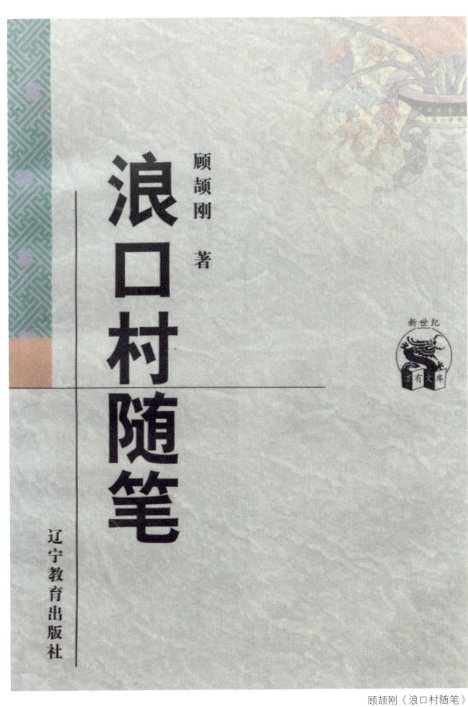

顾颉刚 著

浪口村随笔

辽宁教育出版社

顾颉刚《浪口村随笔》

傅斯年 李济

李方桂 吴定良

曾昭燏

王振铎

丁声树

石璋如

《中研院史语所所长傅斯年在龙泉镇》手绘插图

　　傅斯年是我国近现代著名的学者、教育家，在"五四"爱国运动中，他是北京大学的学生领袖之一。1928 年 11 月，傅斯年任史语所所长，将自己的抱负与史语所的研究宗旨结合在一起，认为要反对帝国主义的文化侵略，就要了解自己的灵魂，首先应该认识自己的历史，懂得自己的语言。在这种主张下，将史语所分为文学组、语言组、考古组、人类学组。

青年时期的傅斯年

龙头村史语所旧址

　　从1937年到1950年的13年里，史语所上下秉承傅斯年主张的"上穷碧落下黄泉，动手动脚找东西"的宗旨，对河南安阳殷墟进行发掘，对后世进一步了解殷代社会发展有重要意义。在昆明龙头村时，他42岁，年富力强。1938年至1940年间，他虽然频繁参与社会活动，奔走于重庆和昆明之间，但他仍经常住在龙头村，主持史语所的日常工作。大到制订工作计划、聘请研究人员，小到筹措和分配粮食、设立邮电局、卫生院等，他都一一安排妥当。他不辞辛苦地来往于三座村庄、四座寺庙的山坡小道上。古寺的灯光，伴随他度过了许多奋笔勤书的夜晚，就在这段时间，他完成了他的学术代表作之一的《性命古训辨证》。

龙头村史语所旧照

第三次殷墟发掘时，李济与董作宾、梁思永欢迎傅斯年视察

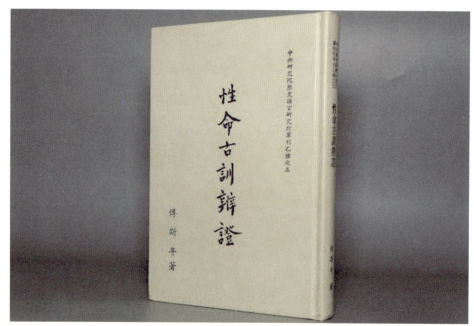

傅斯年《性命古训辨证》（一）

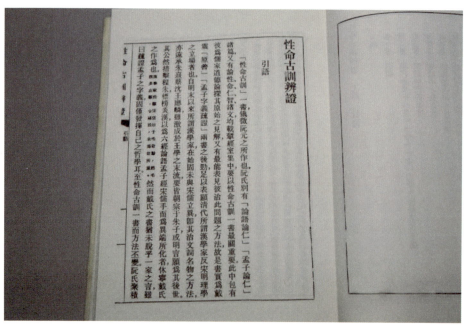

傅斯年《性命古训辨证》（二）

史语所在昆明设有三个办公地点，而书籍和研究资料因安全考虑，大部分存放在龙泉镇龙头村的弥陀寺、东岳宫和棕皮营的响应寺、瓦窑村。傅斯年领头在棕皮营村村长赵崇义的西院弄了块种竹笋的地，盖了五间房子。清华国学研究院人类学特约讲师、后来被誉为中国考古人类学一代宗师的李济因家眷较多，在傅宅的斜对面，盖了一间更大些的房子。两家之间有条路，李济在路北，傅斯年在路南。

李济（左一）、鲁迅（右一）

李济在考古发掘现场

董作宾、梁思永在响应寺后山墙的后边盖了房子。董作宾字彦堂，号平庐，河南南阳人，是我国甲骨学和考古学的主要奠基者之一。董作宾于1938年春，由桂林取道越南，到达昆明，秋天移居龙头村史语所。第二年冬天，他患了一场伤寒病，但他仍然笔耕不辍。1940年春，他迁入了棕皮营村的新居"平庐"居住。董作宾在书写甲骨文时常使用一方"平庐老人"的印章。

董作宾在龙头街研究甲骨文

《董作宾》画像

安阳殷墟发掘工作的伙伴与师友（名牌上有编号者为"十兄弟"长幼顺序编号）

　　史语所迁至龙头村和助理研究员石璋如有直接的关系，他初到昆明时就到龙泉镇调研手工业，认识了棕皮营村村长赵崇义。1938年9月28日，日本军机开始轰炸昆明，石璋如建议史语所搬迁到龙泉镇。石璋如，河南偃师人，中国现代考古学的主要奠基者，"殷墟十大考古兄弟"之一，2004年病逝时已102岁高龄，被誉为"考古人瑞"。他拍摄了一本纪实性的历史影像文献集《龙头一年——抗战期间昆明北郊的农村》。

　　梁思永是我国著名考古学家的杰出代表，是中国近代考古学的主要开拓者之一。梁思永毕业于哈佛大学，1930年回国参加史语所考古组工作。1938年他也随史语所来到昆明的龙泉镇，住处和兄长梁思成、嫂嫂林徽因自建的房子相隔不远。

石璋如在殷墟测量地形

李济、董作宾赠予赵崇义的书画作品（赵林 提供）

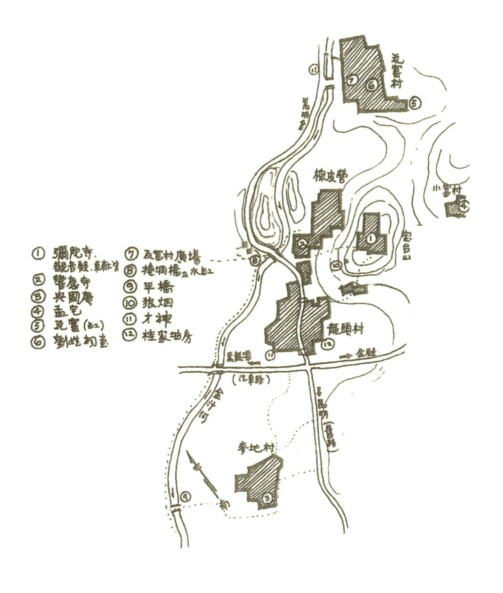

梁思成于 20 世纪 40 年代手绘的龙头街平面图

採取古物執照

內政部
教育部為

發給採取古物執照事茲有國立中央博物院籌備處負責人□□□
聲請於民國二十九年二月一日起至民國二十九年
二月二十一日止採掘四川彭山縣上年地方古
物由其全就

平領採掘業經中央古物保管委員會核准

進派保□永   監察   合行發給執照此照

右給國立中央博物院籌備處   收執

中華民國二十九年二月一日

內政部部長   周鍾嶽

教育部部長   陳立夫

当时的《采取古物执照》

199

龙泉镇的李家窑

在史语所迁至龙头村后，"教授中的教授"陈寅恪先生被傅斯年安排在棕皮营靠村北的民居中。此时，中央研究院社会所和北平研究院历史所迁到落索坡，中央地质调查所迁到瓦窑村，北平研究院在黑龙潭，中博院筹备处设在竹园村，北平图书馆，就是现在的国家图书馆在桃园村，史语所和北大文科研究所就暂栖棕皮营的响应寺，中国营造学社迁到麦地村，清华文科研究所在司家营，一时间龙泉镇俨然成为一座学术城。龙头村地处城郊，手工艺制作和民族民俗文化资源丰富，瓦窑村有一个烧造陶盆粗碗的窑业基地。昆明城北门至龙头村沿途，打铜的、卖玉器的、铸铜佛的、制金器和镶嵌的，比比皆是。梁思永、石璋如等对此兴致很高，他们还组织了一个"天工学社"。

史语所的研究员曾昭燏是曾国藩的大弟曾国潢的曾孙女，是中国杰出的女考古学家，曾任南京博物院院长，对中国文物的发掘和保护做出了突出贡献。1938年，曾昭燏从英国回到了阔别已久的祖国，随着战况的严峻，曾昭燏等考古人员也随各大高校迁移，来到了云南。云南是曾昭燏个人实现价值和事业高峰的转折地，在这里，她同考古大师吴金鼎在大理苍山发现了马龙遗址、佛顶甲乙二遗址、龙泉遗址等5处重要遗址。这一发现意义重大，开启了云南这片土地上的考古新征程，在国际上都十分轰动。而对于曾昭燏等人的这一重大发现，考古界将其命名为"苍洱文化"，其是云南首处历史文化遗迹。

曾昭燏　　　　　　　　　　大理苍山中和峰下，当年的发掘地点

龙泉镇瓦窑村关圣宫窑神

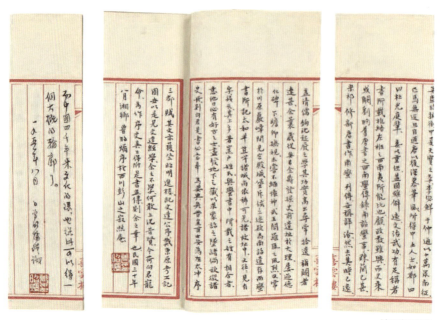

曾昭燏手稿

龙泉镇老窑址

　　史语所在昆明的时间并不长，只有三年，似乎没有创造什么惊天动地的业绩，也没有在战争岁月里演绎出悲壮的故事。但是，他们在艰苦岁月里保护和孜孜不倦地研究祖国珍贵遗产的精神却永远为后人所牢记和敬仰！

202

第十六章
在龙泉上学的
清华文科研究生

TSINGHUA UNIVERSITY LIBERAL
ARTS GRADUATE STUDENTS
IN LONGQUAN TOWN

　　清华大学文科研究所成立于 1931 年。抗日战争爆发后，一度停办。1939 年在昆明恢复。次年 8 月开始在司家营清华文科研究所招生，并在龙头村北京大学文科研究所设置研究室。恢复后的清华大学文科研究所设中国文学、历史、外国语文、哲学四部。但历史、外国语文和哲学部的研究工作均由大学相关学系分别进行，所以在司家营的文科研究所的研究工作只偏重于中国文学一部。中国文学部的主任是闻一多，他还兼任文学组、语言文字组、古书校订组的导师。文学组导师还有朱自清和浦江清，语言文字组的导师有王力、陈梦家，古书校订组则有许维遹等。

　　因当时诸多条件的限制，直到 1939 年清华文科研究所才开始恢复正常工作，接着闻一多就为文研所的选址而奔波。在龙泉镇，闻一多和助教何善周看好了司家营的村民司荣新建的"一颗印"宅院，接着和住在龙泉镇的王力、陈梦家两人商定研究所就设在这里。楼下是研究所的办公室和餐厅，楼上正屋是资料室，侧面两边的厢房则是闻一多全家、朱自清、浦江清等人的宿舍。此外离司家营不远

北平清华园

龙泉镇麦地村桂氏祠堂

《文科研究所学生在上课》手绘插图

205

《龙头街卖烧饼的人》手绘插图

的麦地村桂家祠堂，也是清华文研所租用的房子。

这一时期，清华文科研究所除了从事研究之外，还培养研究生。从1941年至1945年，文科研究所共招考录取了7名研究生。闻一多、朱自清等对他们均进行了精心的指导和培养。闻一多的儿子闻立鹏在《怀念季公》一文中记到："那时，我还在上小学，记忆中最难忘的印象就是父亲和他的同事、学生们整天在楼上伏案读书写作，晚上每人桌上一盏煤油灯，有时，我们夜里一觉醒来，还能从窗上看到那微弱的灯光。"

清华文科研究所研究生季镇淮，江苏淮安人，古典文学研究家，著名文学评论家。1941年毕业于昆明西南联合大学中国语言文学系后入清华大学研究院，他师从闻一多先生从事中国文学研究，参加了湘黔滇旅行团，在闻一多等先生的带领下，长途跋涉3600多里，抵达昆明。主持西南联大转学考试的是系主任朱自清，作为影响最深的导师之一，得到了季镇淮终生的爱戴与敬仰。季镇淮在西南联大学习期间，经济上已无任何接济，只有靠学校每月不多的贷金生活。当时的昆明，生活费用很高，他偶尔在报纸刊物上写点文章，稿费也有限。有时发贷金的那一天，在街上买几个糖烧饼吃，就是难得的享受。但他仍然挤出钱来买上几本心爱的书籍。大学三年级，《中央日报》昆明版发表了季镇淮的《〈老子〉文法初探》，从语言学角度推测，充满新意，得到了罗常培教授的赞赏，显示出一位勤学多思的青年学者敏锐求新的学术活力。

闻一多先生对季镇淮的关心和培养不仅表现在生活上，更表现在学术研究上。《闻一多全集——神话与诗》中的《七十二》，是一篇考证文章，是先由季镇淮提出问题，写成初稿，然后再由闻一多先生增补材料，撰写成文的。他多次提到闻一多、朱自清先生，总结两位恩师在文学史研究上的卓越贡献。季镇淮有意替两位先生完成中国文学史和文学批评史的撰写，他有责任把先生未尽的事业完成。而其把握数千年中国文学的研究策略，同样得益于闻、朱二位老师。

还有一位清华文科研究所研究生吴宏聪，也是值得介绍给大家的。吴宏聪是优秀的教育家、著名现代文学研究家，他是广东蕉岭人。1942年毕业于西南联合大学，后留校任教至1946年5月。1946年9月至1949年7月，其先后任中山大学中文系讲师、广西大学中文系副教授。吴宏聪于1938年考入国立西南联合大学，就读于文学院中国文学系。吴宏聪有幸遇到了一批名师，他们是朱自清、罗常培、胡适、杨振声、陈寅恪、刘文典、闻一多、王力等人。虽然在艰难岁月里，物资十分匮乏，衣食住行都得不到保障，却没有影响到学子们对学术的追求。西南联大本着"宽容对待学生，鼓励学术自由，提倡学术民主"的教学宗旨，使以吴宏聪为代表的一批青年学子在杨振声、王力等人的悉心培养下，树立了严谨的学风和学术精神，打好了治学的基础。吴宏聪作为成就如此之高的的文史学家却十分低调，他说："我只是一个教书匠，只是一个老师，没有做什么惊天动地的事。"这就是西南联大培养出来的优秀人才和栋梁。

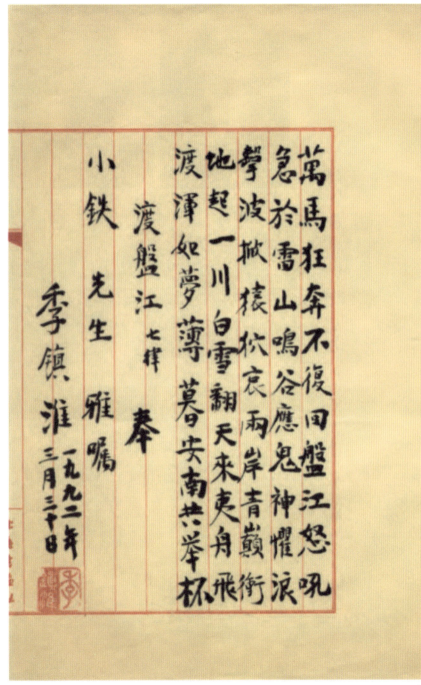

萬馬狂奔不復回盤江怒吼
急於雪山鳴谷應鬼神懼浪
聲波撼猿狄崖雨青巖衝
地起一川白雪翻天來夷舟飛
渡渾如夢薄暮尖南共舉杯

渡盤江 七律

小鉄 先生 雅囑 奉

季鎮淮 一九九二年
三月三十日

胡适　　　　　　　　　　唐兰

陈寅恪、王力在昆明

季镇淮高中毕业证书

抗战时期昆明街景：金马碧鸡坊

210

闻一多著《神话与诗》 闻一多在西仓坡住所

刘文典 杨振声 沈从文

第 十 七 章
在龙泉上学的北大文科研究生

PEKING UNIVERSITY LIBERAL
ARTS GRADUATE STUDENTS
IN LONGQUAN TOWN

北大文科研究所自1918年草创，当时的名称叫做北京大学国学门，导师有陈独秀、胡适、刘半农、周作人、陈汉章、田北湖、黄侃、钱玄同、沈尹默、沈兼士等，学生有傅斯年、冯友兰、范文澜、陈钟凡、孙本文、顾名、袁振英、崔龙文等约40人。那时办学的主要形式是讲演会、讨论会，既似英美现代高校的研讨班，又有中国传统书院的意味。

1921年11月，北京大学研究所国学门正式成立，此时的导师有沈兼士、刘半农、钱玄同、周作人、胡适、陈独秀、陈万里、林语堂、马衡、顾颉刚、常维钧、单不庵等，可谓盛极一时；学生有魏建功、罗庸、张煦、郑天挺、容庚、冯淑兰、董作宾、李正奋等32人，尽皆一时之选。

北大文科研究所是北京大学所设的文史哲科研与研究生培养的学术机构，其较重要的学术活动有参加1928年到1929年的西北科学考察团考古工作并整理所获居延汉简，成绩卓著，影响很大。

1938年5月4日，蒙自南湖淞岛，西南联大在蒙自举行开学典礼后，由逯钦立召集合影。
第一排左起：罗常培、魏建功、罗庸、郑天挺、逯钦立；第二排左起：傅懋勣、徐松龄、周定一、马学良、
宋汉濯、马彭塝、詹锳、刘泮溪；第三排左起：陈士林、何善周、张盛祥、陈登亿、向长青、阴法鲁

陈独秀

北京大学文科国学门毕业合影。前排左二：钱玄同，
左三：蔡元培，左四：陈独秀

钱玄同

刘半农

陈汉章

沈兼士

左起：蒋梦麟、蔡元培、胡适、李大钊

沈尹默

刘半农（左一）、沈尹默（左二）与北京大学中文系
教师合影

范文澜

袁振英　　《北京大学国文选》　　《北京大学国文选》　　北京大学聘请鲁迅的聘书

215

罗庸

北京大学研究所国学门师生合影

北京大学研究所国学门

陈万里

单不庵

顾颉刚

马衡

林语堂

北京大学欢送西北科学考察团合影

西北科学考察团从北京大学研究所国学门
出发时与欢送者合影

魏建功

西北科学考察团　　　　郑天挺　　　　田野调查

1937年，卢沟桥战事一开，北大匆忙南迁，图书资料全都留在了沦陷区，南开的校园整个被日军夷为平地，清华的图书只抢运出一部分，后在重庆又遭轰炸。1937年11月，北大、清华、南开三校在长沙办临时大学开学，中外文图书仅6000册。1938年初到昆明，西南联大的中外文图书总数也只有48000册。傅斯年未雨绸缪，战事未爆发前，史语所就将珍贵的中西文图书杂志昼夜挑选，装为60箱运赴南昌。到8月间，所有图书完全装妥为321箱，分三批运到长沙。1937年年底，存藏南昌和运至长沙的220箱精品书转运重庆，后来转运到昆明。这是一次保存历史文化的"衣冠南渡"。

在昆明复校后，按照西南联大的规定，研究所由三校分设，导师、研究生均各自负责。在敌机的轰炸下，北大文研所迁到史语所所在的龙泉镇龙头村弥陀寺。傅斯年既是史语所所长，又兼北大文研所所长，有时两头受累，顾此失彼。对此，傅斯年也有顾虑，几次想推掉北大文研所的事。因昆明再遭轰炸，史语所拟迁四川南溪县李庄。郑天挺致信傅斯年："此外尚有一事，即北大研究所所址，非随史语所不可，此事已数向兄言之，而兄皆是不甚以为然。但细思之，北大无一本书，联大无一本书，若与史语所分离，其结果必养成一般浅陋的学者。千百年后探究学术史者，若发现此辈浅陋学者，盖我曹之高徒，而此浅陋学风为北大所韧始，岂不大糟！"文科研究所治学主要靠图书资料，而战时中国唯有史语所拥有最完善的图书。

《龙泉镇的北大文科研究所师生》手绘插图

郑天挺是比傅斯年低一届的北大国学门研究生，他知道傅斯年的性格，劝解不如激将。于是，史语所迁川，因导师归属不同，刚恢复一年的北大文研所分置昆明和四川两地。首届研究生阴法鲁、王明、汪篯与阎文儒留在昆明，马学良、周法高、刘念和、逯钦立、任继愈、杨志玖等随同史语所前往四川。

　　任继愈后来在回忆这段学习时，曾经说："当时文科研究所的导师有陈寅恪、向达、姚从吾、郑天挺、罗常培、罗庸、杨振声、汤用彤、贺麟。师生们共同租用一幢三层楼的宿舍，在昆明靛花巷三号。师生们同灶吃饭，分在两个餐厅，因为房间小，一间屋摆不开两张饭桌。师生天天见面，朝夕相处。日机开始轰炸后，北大文科研究所转移到龙泉镇龙头村的弥陀寺内。郑天挺任文科研究所的副所长，语言学家罗常培先生戏称，我们过着古代书院生活，郑先生是书院的'山长'。当时同学周法高是罗先生的研究生，他戏编了一副对联：'郑所长，副所长，傅所长，正所长，正副所长；甄宝玉，假宝玉，贾宝玉，真宝玉，真假宝玉。'对仗不大工稳，在同学中流传。"足见当时的风气。

　　西南联大时期，北大文科研究所培养出来的学生，如马学良、刘念和、周法高、王明、杨志玖、任继愈、阴法鲁、逯钦立、董庶、高华年、王利器、王叔岷、李孝定、魏明经、王达津、胡庆钧、阎文儒、李荣、殷焕先、方龄贵等，成为后来学术研究的新生力量，有的成为某一领域的大师级人物。

金汁河畔的龙泉镇响应寺，史语所和北大文科研究所在此办公办学

郑天挺（左二）、罗常培（右二）

陈寅恪

姚从吾

贺麟

向达夫妇

罗庸

逯钦立的史语所服务证

郑天挺

任继愈　　　　　　　西南联大时期的任继愈

西南联大中文系的课程清单

逯钦立

杨志玖

221

1938 年，西南联大历史系师生合影。前排左起：郑天挺、姚从吾、钱穆

阴法鲁

《阴法鲁文选》　　　　　　在龙泉镇的北大文科研究所师生合影

周法高　　　　　　　　　　马学良

第 十 八 章
龙泉古镇名人的孩子

CHILDREN OF CELEBRITIES IN

LONGQUAN TOWN

　　曾经在昆明龙泉镇工作生活的名人有60多位。1938年至1946年工作生活在昆明龙泉区域的教授、研究员、工作人员及其家属约有500多人，他们生活在这里，工作在这里，学习在这里，研究在这里，和家人、朋友、同事在这里，日复一日，月复一月，年复一年，积淀着他们的情感，整理着他们的日常，养育着他们的儿女，成就着他们的辉煌。

　　在龙泉镇生活的名人的夫人和孩子有：学者、爱国主义诗人闻一多的夫人高孝贞，孩子闻立鹤、闻立雕、闻立鹏、闻铭、闻惠；著名哲学家冯友兰的夫人任载坤，孩子冯钟璞、冯钟越；语言学家王力的夫人夏蔚霞，孩子王缉志；中国建筑史学奠基人梁思成，诗人、建筑师林徽因以及她的母亲何雪媛，孩子梁再冰、梁从诫；学者傅斯年的夫人俞大綵，孩子傅仁轨；中国考古学之父李济的父亲李权，夫人陈启华，孩子李凤徵、李鹤徵、李光谟；甲骨文专家董作宾的夫人熊海平，孩子董敏、董萍、董兴；考古学家梁思永的夫人李福曼，孩子梁柏友；历史学家吴晗的夫人袁震；哲学家汤用彤的夫人张敬平，孩子汤一雄、汤一介、汤一玄、汤一平；语言学家李方桂的夫人徐樱，孩子李林德；物理学家严济慈的夫人张宗英，孩子严又光、严双光、严四光、严武光、严陆光；法学家钱端升的夫人陈公蕙，孩子钱大都、钱仲兴、钱召南；考古学家李连春的孩子李昆明。史学家胡厚宣的夫人，孩子；语言学家罗常培的夫人，孩子；植物学家蔡希陶的夫人，孩子；物理学家吴大猷的夫人，孩子；史语所的女考古学家曾昭燏，她的母亲是曾国藩的孙女，也住在龙头村。

1956 年冬，冯友兰全家合影

林徽因和梁再冰、梁从诫

梁思永一家

傅斯年、俞大綵夫妇和儿子傅仁轨

吴晗与夫人袁震

225

李方桂、徐樱夫妇

严济慈全家合影

钱端升和夫人陈公蕙及孩子

蔡希陶和夫人向仲

罗常培与儿女

吴大猷和夫人阮冠世

胡厚宣和孩子

胡厚宣全家

李昆明

吴大猷和夫人阮冠世

西阴村遗址

《李济考古》手绘插图

李济先生是当之无愧的中国近现代考古学之父。1926年，他主持的山西夏县西阴村遗址发掘，是首次由中国人主持的考古发掘。1928年至1937年，他主持了震惊世界的安阳殷墟发掘，确立了商文明在中国历史上的地位，使一直没有定论的中国商代从神话传说和半信史成为信史，同时对20世纪的中国考古学的研究发展起到了奠基作用。李济先生的大女儿李凤徵在昆明因病去世，二女儿李鹤徵在四川李庄殇逝，这让李济先生备受打击，痛不欲生。李济的儿子李光谟是新中国培养出来的第一批成果丰硕的高水平资深专业外文工作者，其主要从事俄文、德文翻译工作。他在40余年的工作期间，共翻译、校定、定稿近千万字，翻译专著、教材、论文、文献资料等54部，对我国的马克思列宁主义发展史研究做出了突出贡献。

李济全家福

汤用彤

　　抗日战争爆发后，战火使哲学家汤用彤先生一家分离，"人生不相见，动如参与商"。汤一介在《到云南与父亲团聚》的文中写道：汤用彤夫人张敬平打算带着孩子奔赴昆明，邓以蛰先生听说了，请求她带上自己的女儿邓仲先、儿子邓稼先一起同行。1939 年年底，张敬平带着二儿子汤一介、小儿子汤一玄、女儿汤一平以及邓仲先、邓稼先同行，踏上了南渡的漫漫长途，辗转天津、上海、香港、河内，最后到达昆明。

　　汤用彤在越南海防检查站迎接夫人和孩子们，一家人紧紧地拥抱在一起。因为没有看见大儿子汤一雄的身影，母亲张敬平连忙询问。汤用彤说："一雄要上课，不能来。"此刻的张敬平还不知道，儿子汤一雄已不在人世了。汤用彤在昆明经历了痛失爱子的打击。汤一雄是一位品学兼优的优秀的青年，是西南联大剧团里十分优秀的演员，在演出话剧《夜光杯》时，他的阑尾炎发作，疼痛难忍，然而，当时演出已经开始，临时替换演员已没有可能，为了演出成功，汤一雄硬是忍着腹部剧烈疼痛，连续参演，最后昏厥在后台边上。同学们赶紧把他抬到医院抢救，可惜为时已晚，他就这样永远地告别了西南联大的校园。

汤用彤全家。前排左一：汤一介、左二：汤一平，后排左二：汤一雄

汤一介与妻子

《汤用彤在昆明火车站接妻儿》手绘插图

　　就在汤用彤夫妇的痛苦渐渐平息之时，又遭遇不测。1944年年初，汤用彤的爱女汤一平病逝于昆明。抗日战争胜利后，汤用彤一家回到北平。短暂的和平如昙花一现，随即爆发内战。国民党送给汤用彤先生机票，想让他南下。中共地下党通过汪子嵩做工作，让汤用彤先生留下来。此时汤用彤已经失去了爱子和爱女，他不想再和儿子汤一介骨肉分离，于是留在了祖国大陆。

邓稼先

邓以蛰　　　　西南联大文艺社成员合影（一）

西南联大剧团表演剧照（一）

西南联大剧团表演剧照（二）　　　西南联大文艺社成员合影（二）

汤用彤给儿子汤一介（左二）和学生讲授国学

晚年的汤用彤

汤用彤与夫人张敬平

汤用彤教授（右二）全家与亲友在北京大学燕南园寓所

汤用彤教授怀抱孙女

235

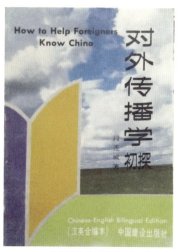

《段连城与〈对外传播学初探〉》手绘插图　　　　　　段连城《对外传播学初探》

　　龙头村小学的国语教师、乡绅李荫村看到梁思成、林徽因夫妇一家老小的艰难处境，便慨然将自家后院的一块园地借给他们建造住房。李荫村的儿子段连城受西南联大教授们的影响，1948年毕业于美国密苏里大学新闻学院，于1949年回国。他历任国际新闻局《人民中国》杂志编辑组组长，《北京周报》编辑部、英文部主任，中国外文局副局长、局长，从事对外宣传工作。作为从青少年时代就成长在昆明龙泉镇棕皮营村的段连城先生，他后来的理论成果惠及中国对外传播事业，他的传世之作《对外传播学初探》为中国对外传播事业建立了理论基础，他对中国对外传播事业的贡献以及高贵的品格，被他的好友翻译家沈苏儒先生评价："他在三个方面，为我国的外宣事业立下了汗马功劳。"在对外宣传实务、理论建设、教书育人等方面，均有建树，而影响最深远的是他对于对外传播理论建设方面的贡献，因为这是一项具有开创性意义的工作。段连城先生是从龙泉镇走向世界，并成为卓有成就的专家学者的。

　　居住在龙泉镇平庐的史语所研究员董作宾先生除了考古学以外，还对甲骨文的研究卓有贡献。他的孩子在抗日战争时期住在龙泉镇的是董敏、董萍、董兴。董作宾一生育有4个女儿6个儿子，10个孩子分散在中国内地、中国台湾和美国等地，在各自的领域都取得建树。

林徽因在瓦窑村

董作宾、熊海平夫妇与孩子在龙头村

龙头村村民（一）

龙头村村民（二）

龙泉镇棕皮营卢家的四个孩子

第 十 九 章
走在乡间的小路上

WALKING ON THE

COUNTRY ROAD

　　昆明北郊，龙泉坝子的西侧，挺立着一座雄伟的高山，其怪石嶙峋，蜿蜒起伏，名叫蛇山，本地人称之为长虫山。岗头村在蛇山东麓，是龙泉坝子西边一个较大的村庄。明代初期，这里就是通往寻甸、禄劝和四川的交通要道，因有驿站，并设有岗卡，所以留下了岗头村这个名称。蛇山与岗头村之间，随着山坡减缓，形成了几个山坳。山坳中林木葱郁，建有三座历史悠久的寺观：永丰寺、涌泉寺和虚凝庵。不过，到民国时期这些寺观已比较冷清，所以，1927年12月，中共云南临时工委选择在这些山坳中的虚凝庵召开秘密会议，传达中共中央"八七"会议的精神。抗日战争期间，由于中央机器制造厂搬迁到岗头村以北的茨坝，修整了昆明到茨坝的公路。这条昆明北郊唯一的一条公路从岗头村旁边通过，因而交通较为方便，而且岗头村离城不算很远，只有四五公里的路程。

昆明北郊长虫山

兴国庵（一）

兴国庵（二）

永丰禅寺

虚宁寺（一）

虚宁寺（二）

昆明龙泉区域在这一特殊历史时期接纳并滋养了一批科学与人文的研究机构和研究人员。据考证和不完全统计，工作和生活在龙泉岗头村与黑龙潭区域的学者有教育家、北京大学校长蒋梦麟；中国物理学事业奠基人之一饶毓泰；著名物理学家、在世界物理学界享有盛誉的教授吴大猷；著名历史学家、历史系教授，曾任历史系主任和清华文学院代理院长的雷海宗；中国地质学家、古生物学家、地质地层学家、地质教育家，我国无脊椎古生物学及生物地层学的主要奠基人之一的孙云铸；中国现代著名的散文家章廷谦，笔名川岛；植物形态学家、生物学系教授、代理系主任张景钺；著名政治经济学家、经济学系教授、法商学院院长周炳琳；著名作家、西南联大秘书主任、中文系教授杨振声；法学家戴修瓒；云南农林植物研究所负责人兼龙泉公园经理、植物学家蔡希陶；北平研究院物理研究所所长、物理学家严济慈和钱临照；光谱物理学家钟盛标；地球物理学家顾功叙、林友苞；北平研究院史学研究所研究员徐旭生、苏秉琦、顾颉刚、白寿彝、吴晗、余冠英；北平研究院化学研究所王序；古文字学家陈梦家、翻译家赵萝蕤夫妇；历史学家吴晗；地质学家冯景兰；法学家钱端升；古典文学家罗庸、游国恩、罗常培等。

《北大教授在昆明》手绘插图

蒋梦麟

饶毓泰

雷海宗

吴大猷

孙云铸教授带领学生实习

章廷谦

吴大猷与杨振宁

孙云铸（中）

张景钺

钱临照

严济慈　　　　　　　周炳琳　　　　　　　戴修瓒

北平研究院物理研究所研究人员合影

钟盛标（后排中）与严济慈（前排右）

顾功叙

白寿彝　　　　顾颉刚

苏秉琦　　　　徐旭生　　　　　　　　　　　余冠英

吴晗　　　　　冯景兰

王序　　　　　钱端升　　　　游国恩

创建于1898年的北京大学，是我国第一所国立综合性大学。北京大学是传播马克思主义和民主科学思想的发祥地，新文化运动的中心和五四运动的策源地，也是中国共产党最早的活动基地之一。北京大学为民族的振兴和解放、国家的建设和发展、社会的文明和进步做出了不可替代的贡献。就是这样一所享誉全球的大学，在抗日战争这样一个特殊的时期，其校长蒋梦麟及部分骨干居住在这西南边陲的这个小村庄，以刚毅坚卓精神，为维系中华教育的命脉而辛勤工作着。岗头村的名字，因此载入了中国教育史的史册。

　　1940年秋天，为了躲避日机的空袭，组成西南联大的北京大学选中了岗头村，在村子西南的缓坡上建了简易的平房，供校长蒋梦麟和部分教授疏散之用。教授们在岗头村的这些简陋的宿舍居住了4年之久，直到1944年冬才搬进城内。北京大学岗头村宿舍的院落呈不规则的四边形，一共分为两台，北高南低。上面一台有几间瓦房，房前有一个小平台。在几级阶石下的院子里盖了两排土墙、草顶、泥地、纸窗的房子，一共7间，另有一间大厅附一间小房。窗上没有玻璃，临时糊着用过的学生考试的卷子。每间约12—14平方米。上面平台的一侧有个小水池，自墙外引来山泉，作为全院的饮水源。洗衣洗碗则要到住房边的小溪去，除了校长蒋梦麟一家居住于平台上的3间瓦房外，其他人都住的十分拥挤。北大教授饶毓泰、周炳琳夫妇、杨振声、吴大猷夫妇、章廷谦夫妇、戴修瓒夫妇和他们的孩子住在5间小屋里，剩下的一间屋，由孙云铸的太太、刘云甫的太太各带一个孩子同住。孙云铸、刘云甫两位先生只能居住在客厅，睡在行军床上。还有"跑警报"疏散来的张景钺的太太、雷海宗的太太和她们的女儿挤在一间房间里。7间小屋，每间都兼有卧室、书房、饭厅等多种用途，其拥挤情况，可想而知。在这样的一个小院内，门户相对，大家的关系是十分密切的。在抗日战争期间，生活困难，谁家偶尔做了些好吃的，往往都会与邻居们共享。这时候咖啡很难买得到，但只要有一点，常常在小小的斗室里，大家也会一起品尝。

五四运动

北京大学红楼南门　　《新青年》编辑部旧址　　《新青年》杂志封面

岗头村今貌

《西潮·新潮 蒋梦麟回忆录》　　《蒋梦麟日记》片段　　饶毓泰、郑华炽、吴大猷

吴大猷夫妇

周炳琳夫妇

雷海宗夫妇及女儿

张景钺夫妇

教授和夫人们

　　住在岗头村，无论生活和工作，都有许多意想不到的困难。因为日机轰炸昆明城，为了跑警报，学校将上课时间安排在上午7时到10时，下午4时到晚上7时。教授们住在岗头村，从岗头村走到学校要1小时，早上5点多钟就要出发，6点半左右到达学校，每天还要赶回岗头村，来回20多里，都十分疲劳，但在这种情况下师生们仍在坚持教学和研究。

　　物理学家严济慈说："我将和四万万同胞共赴国难。我虽一介书生，不能到前方出力，但我要和千千万万中国的读书人一起，为神圣的抗战奉献绵薄之力。"这代表了"西南联大院士之乡"所有学者的共同心声。

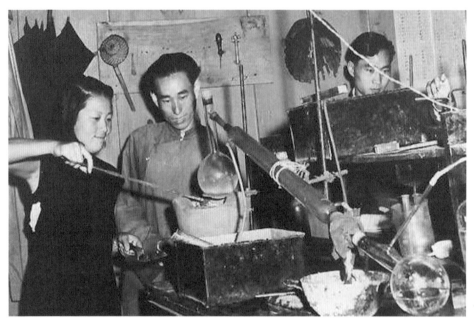

西南联大的学生做实验

西南联大课堂

第 二 十 章
抗战时期龙泉镇棕皮营的人事初探

LONGQUAN ZONGPIYING PERSONNEL IN THE WAR OF RESISTANCE AGAINST JAPANESE AGGRESSION

赵林是抗战时期棕皮营村村长赵崇义的小儿子，从云南省农科院退休后一直在棕皮营居住。1946年出生的赵林今年78岁，脸色红润，神态年轻，身体健康。我在龙泉古镇文化研究院和他进行了一次深度交谈。

我问道：赵老师，你父亲赵崇义先生与史语所的石璋如认识后，1938年年底，因日本军机轰炸昆明，而促成中研院史语所、北大文科研究所、清华文科研究所、中国营造学社等一批教授、研究员和家属及机构迁移到龙泉镇，你讲一下其中的事情。赵林由从父亲口中听到和自己实地调查，翻阅资料的回忆讲起：抗战时期，昆明除了部分市区外，只有八角楼这里已经通了电（大约是1938年），因为有电力供应和远离市区（避开日机轰炸），所以很多中国文化名人，西南联大的很多教授、老师，才会选择在这一片建房自住和租房居住。

赵林又说：这里住的主要是以史语所（中央研究院历史语言研究所），有一个就是以梁思成担任主要负责人的营造学社，还有云南大学附中等。当时傅斯年是史语所的所长，傅斯年的自建房就盖在我家土地上，史语所的招待所盖在邻近的赵成顺家（我的大伯）土地上。1940年年底从昆明龙泉镇搬迁四川李庄时，按协议商定房屋留给我家和赵成顺家。土改的时候，因为种种原因，房子就分出去了。 我老父亲赵崇义的一张照片，大约是在1938年在梁思成和林徽因旧居内小花园留影的。当时，梁、林旧居和傅斯年旧居直线距离100米左右。1940年年底傅斯年迁四川后，又有古琴大家、中国民航事业早期创办者查阜西，古典文学专家游国恩，古典文学家和翻译家陈梦家、赵萝蕤夫妇租住于此，直至1945年抗战胜利后才搬出去。我有《查阜西日记》的全本复印件，是他的儿子查克承在从苏州带给我的，但现在由于没有得到主人的授权，暂时不能给你们查阅研究，抱歉！

"这张龙泉小学第18班毕业照，是石璋如先生拍的，我父亲就是第一排左边第一个人"，赵林指着研究院在西南联大院士之乡主题体验馆大门对面的展览图片说到，我仔细辨认，的确是赵崇义先生。

赵林：当时就是因为1938年，八角楼的刘经理、孙行长，还有一个叫什么我记不清楚，建了房子后，电才架过来到龙头街、棕皮营和瓦窑村，接着龙头街碾米机才开始使用起来。当时就是八角楼等盖好通电，这个区域才有电使用。当时除了正义路、南屏街等老城以内有电，整个昆明坝子就只有这边有电，所以这些抗战文化名人、大学者才来这里租房居住，如王力、游国恩等，还有自建房住的。

抗战名人的自建房基本都在棕皮营村。当时建房签了协议，协议的大概意思是说，土地的主人提供土地给抗战名人建房使用，将来搬走后，房屋的所有权归土地主人。这部分名人有傅斯年、梁思成和林徽因、董作宾、李济、梁思永、李方桂等。据不完全统计，当时住在龙泉镇的，后来评为院士的约有35人，在棕皮营、龙头街、瓦窑村，还有司家营、麦地村、岗头村、浪口村、蒜村都有。

村民和老师们从松花坝沿金汁河堤，一路上经过司家营、麦地村、羊肠村、羊肠小村、罗丈村、北仓，然后经金刀营就进城了。所以当时这边交通也便利，离城大体也就九公里左右，还有就是这里已经部分通电。当时日本飞机轰炸昆明，躲避轰炸的时候，这些地方比较适合的，离城也不太远，飞机又不来这些地方轰炸，所以基本上都来这边住。像史语研究所研究的物资、文物都在这里，白龙潭上庄附近沙沟村漾坝箐那里有清华航空研究所。那些教授去上课基本都是搭马车、走路，另外还有黄包车。他们来这里住主要是安全、通路、通电，还有一点就是龙头街是个大集市，生活条件也稍方便些。

原先住瓦窑村的几户主要是搞金融的，有一家还是原来昆明造币厂的厂长，叫刘幼棠，那个时候云南生产银元、半开（云南本土货币）。受西南联大教授的影响，龙泉这片读过书的人也有一些，如李荫村之子段连城，从美国留学归国后，曾做过周总理的随同翻译，但是都已经不在世了。还有一个是云大附中，我有个舅舅和大表哥都在这里读的。云南附中女生部就设在棕皮营村的"义学——龙泉书坞"里面。

以上为赵林老师讲述的龙泉镇棕皮营人事的一部分内容，龙泉古镇文化研究院也进行了田野调查和资料梳理。村

龙泉镇棕皮营村村长赵崇义

赵崇义建新居的木框架（石璋如 摄，赵林 提供）

第二十一章
大普吉的"中国皇家学会"

THE "CHINESE ROYAL SOCIETY" IN PUJI

距龙泉古镇不远处有一个称为普吉的小地方，这个村镇有三条道路通向外界，一条通向南边的昆明西站；一条通向西北方向的禄劝县；另一条通向东北方向的沙朗镇。在三条路的交叉口还立着一座土主庙。因彝语中"普"为庙，"吉"为岔路口，故彝族老百姓称此地为普吉，意为"岔路口有一座庙的地方"。

明代黔国公沐英在云南每60里置一军屯，普吉亦为军屯之地，随之人口增加。后因隆庆六年（1572年2月）水利工程之横山水洞竣工，普吉一带烟火气日见旺盛，军民自发形成集市进行交易。这个集市为每月逢三逢八赶集，迄今已经有一百多年的历史。因为"三八集市"的原因，大普吉又被称为"大普集"。

在大普吉与龙院村之间有一个农家小茶馆，规模不大，平时四邻八乡的老乡总是在里边一边喝着茶一边抽着云南特有的竹制水烟筒。但每个月的第一个星期日，小小的茶馆里传出来的却是阵阵当时昆明老百姓所称的"下江人"口音的说话声。

没有麻将，没有桥牌，也没有其他的娱乐。只有一杯清茶和"细胞吸水""射线衍射"等一串让普通人听的云山雾罩的专业术语以及平缓或激烈的讨论声。原来这是北京大学、清华大学、南开大学各研究所研究人员和西南联大师生的学术讨论沙龙。

余瑞璜是这个科学沙龙的发起人，他是中国民主同盟盟员。这是一位才华横溢的物理学家，尤其喜欢中国古典文学、唐诗、宋词和京剧，其诗词歌赋无一不精。

他在第一次科学沙龙上热情洋溢地指出："英国皇家学会就是由少数几位热心的科学家以友谊集会学术交流方式开始的。"

后世的科学史学家们被他的这句话感动，也对这个学术交流沙龙在中国科学史上产生的重大所用及其意义而惊叹，因此将这个在中国边疆一个小小村庄里的乡村小茶馆中举办的科学沙龙称为"中国皇家学会"。

这个沙龙没有负责人，没有组织机构，更没有主席之类的职务。

聚会时大家都会把自己的研究工作以报告或专题讨论形式向与会者提出，大家自发地就所关心的问题进行更加深入的研究讨论。

每次沙龙结束时都会推选出下一次沙龙的召集人和主持者。并由推选出来的召集人和主持者和与会者事先协商下一次沙龙要讨论的报告或主题。

这个科学沙龙里的成员都是各个学科的泰斗，对中国乃至世界科学做出了不朽的贡献。成员有吴有训、任之恭、余瑞璜、范绪筠、孟昭英、赵忠尧、黄子卿、华罗庚、王竹溪、赵九章、殷宏章、娄成后、汤佩松、张文裕、戴文赛15人。后来，他们分别成为中央研究院院士、中国科学院学部委员。

1939—1942 年，余瑞璜在大普吉实验室简陋的木屋里进行 X 光金相学等一系列实验

惠家大院

华罗庚旧居

梅贻琦先生旧居

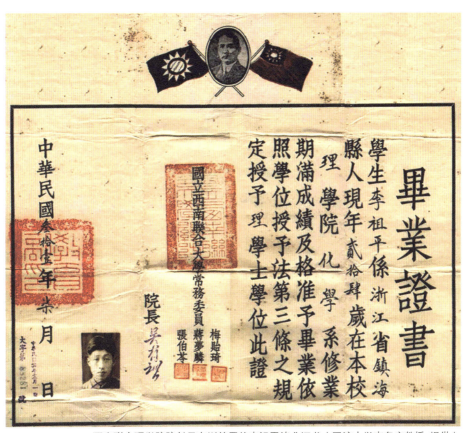

畢業證書

學生李祖平係浙江省鎮海縣人現年貳拾肆歲在本校理學院化學系修業期滿成績及格准予畢業依照學位授予法第三條之規定授予理學士學位此證

國立西南聯合大學常務委員

梅貽琦
蔣夢麟
張伯苓

院長 吳有訓

中華民國叁拾叁年 柒 月 日

西南联大理学院院长吴有训签署的李祖平毕业证书（同济大学李名宪教授 提供）

265

昆明西郊大普吉——农业研究所（清华大学校史研究室藏）

在西南联大读书时的余瑞璜

大普吉"中国皇家学会"成员表

1	吴有训	1897—1977年	物理学家，1948年中央研究院院士，1955年中国科学院学部委员，为中国科学院副院长
2	任之恭	1906—1995年	无线电物理学家，1946年去美国，先后任Harvard大学与Johns Hopkins大学物理学教授，1962年台北"中央研究院"院士
3	余瑞璜	1906—1997年	金属物理学家，1955年中国科学院学部委员
4	范绪筠	1912—2000年	半导体物理学家，1947年去美国，曾任美国MIT和Purdue大学物理系教授，IUPAP半导体专业委员会委员，1959年台北"中央研究院"院士
5	孟昭英	1906—1995年	无线电物理学家，1955年中国科学院学部委员，为清华大学无线电系教授
6	赵忠尧	1905—1998年	核物理学家，1948年中央研究院院士，1955年中国科学院学部委员，为中国科学院高能物理研究所研究员
7	黄子卿	1900—1982年	物理化学家，1955年中国科学院学部委员，为北京大学化学系教授
8	华罗庚	1910—1982年	数学家，1955年中国科学院学部委员，1982年美国科学院院士，为中国科学院数学研究所研究员
9	王竹溪	1911—1983年	理论物理学家，1955年中国科学院学部委员，为北京大学物理系教授

10	赵九章	1907—1968年	气象学家、地球物理与空间物理学家，1955年中国科学院学部委员，为中国科学院应用地球物理研究所研究员
11	殷宏章	1908—1992年	生物学家，1948年中央研究院院士，1955年中国科学院学部委员，为中国科学院植物生理研究所研究员
12	娄成后	1911—2009年	生物学家，电生理学家，1980年中国科学院学部委员，北京农业大学教授
13	汤佩松	1903—2001年	生物学家，1948年中央研究院院士，1955年中国科学院学部委员，为北京大学生物系教授，中国科学院植物研究所研究员
14	张文裕	1910—1992年	高能物理学家，1956年中国科学院学部委员，为中国科学院高能物理研究所研究员
15	戴文赛	1911—1979年	天文学家，为南京大学天文系教授、系主任

第 二 十 二 章
从龙头村的一口井说起

THE STORY START FROM A WELL

IN LONGTOU VILLAGE

凹凸不平的路面让陈惠英挑水的身影歪歪扭扭的，1939年才八岁的她就和母亲一起用扁担挑水，打水挑到傅斯年家、梁思成家、李济家、冯友兰家、王力家……从前龙头街的小姑娘陈惠英如今虽已是接近九十岁的耄耋老人，却精神矍铄，十分健谈。

这口井背后还有一个渊源很深的故事。石璋如，史语所助理研究员，河南人，他走上了田野考古与考古研究的道路，成为早期殷墟发掘的骨干、我国自己培养的第一代考古学家。石璋如刚到昆明的时候就认识了龙泉镇棕皮营村长赵崇义，一种说法是他在城里街市遇到进城买陶器的赵崇义，从此认识；另一说法是石璋如到乡下去考察手工业者的工作时在龙头村结识了赵崇义，笔者更倾向于前一种说法。如果石璋如不认识赵崇义，也许这一批在中国颇有影响的人不会来到龙泉镇，也不会来到龙头村、司家营、麦地村、棕皮营、小窑村、瓦窑村、竹园村、桃园村、雨树村。

在河南大学读书期间，考古学家董作宾、历史学家傅斯年在学校所作的有关殷墟发掘、甲骨文及文物考古知识的专题报告也影响了石璋如，使他对乡土气息浓厚的农村田野调查和偏远地方的手工制作方法更感兴趣。对于云南的田野调查他写下了《记昆明的四种铜业》(《中央研究院院刊》，1956)、《锄头下的苍洱与中原》(《新中华》，1947)、《云南华宁碗窑村的窑业》(《中央研究院院刊》，

1955）、《董作宾先生在昆明》(《大陆杂志》，1966）及《龙头一年·抗战期间昆明北郊的农村》等论文和专著。在史语所人员眼中，石璋如是一位"一生唯一念"的学者。考古学家、北京大学考古文博学院教授邹衡先生说，石璋如先生可以说是中国田野发掘的祖师爷之一。

赵崇义也是一位很独特的昆明龙泉人，干练利落的气质，使他在当地小有名气。他既是村长又是劳动者，除了干农活，做村务管理，也经常做一些小生意。赵崇义并没有烧窑，只收龙泉窑口的一些生活器皿拉去昆明城里卖，以赚取差价，增加收入。司家营、棕皮营、麦地村、瓦窑村等村庄的村民大部分是明代跟着沐英、傅友得、蓝玉的大军，来到云南征战屯兵屯田的后人，他们在云南有五六百年的时间，多是中原和江南一带的移民，所以他们做生意的头脑很灵活，也能够吃苦耐劳，与云南本地山区的少数民族相比在商业意识、见识上还是有很大区别的。

1939年，傅斯年在龙泉镇棕皮营弥陀寺的观音殿研究明史，租用赵崇义家的地自建了房子，打算长住在此。然而，由于担心日军从缅甸跨境入侵中国后，怒江天险有被突破的可能，如果这样，那昆明就危在旦夕，史语所的很多国宝级珍贵的文物、文献也将会遭受劫难。所以1940年冬，史语所迁到一个连地图上都找不到的村镇——四川南溪李庄镇，傅斯年便离开了昆明。傅斯年自建的房子由古琴家查阜西居住。时任欧亚航空公司副总经理的古琴艺术研究专家查阜西，北大教授、古琴家郑颖孙，被誉为民国"最后的才女"的张充和女士常在棕皮营村查阜西宅府雅集。

抗战爆发后，张充和随同姐夫沈从文、三姐张兆和一家流寓到昆明。张家四姐妹中，大姐张元和嫁给昆曲名家顾传玠、二姐张允和嫁给语言学家周有光、三姐张兆和与著名作家沈从文结为伉俪。张充和被誉为"最后的才女"，与汉思喜结秦晋，合作完成了《书谱》《续书谱》的英译本工作。这对中西合璧的夫妇为中美文化的交流做出了贡献。在昆明，沈从文帮她在教育部属

傅斯年在龙泉镇观音殿工作

下教科书编选委员会谋得一份工作。沈从文选小说，朱自清选散文，张充和选散曲。一年后该单位解散，她又在重庆教育部下属礼乐馆工作，整理礼乐。她将整理出来的24篇礼乐用毛笔书写，首次展示了她的书法艺术。梅贻琦的清华日记里对此多有记载。在昆明期间，张充和又拜好友查阜西为师学习古琴。响应寺后面的地是赵成顺、赵崇义兄弟家的。史语所食堂、招待所，租用了赵成顺的地。食堂、招待所后面的傅斯年租了赵崇义的地。食堂与响应寺、傅斯年家和食堂，都隔着过道。前一个过道，大约就是路口向右的小路；食堂差不多在右侧靠外那栋楼的位置，傅斯年家的主屋差不多在右侧靠内那栋楼的位置，只不过现在这两栋楼间距仅一米，往日的过道万不致如此窄小（据严晓星文）。

严晓星又提到：傅斯年家的设计者是梁思成、林徽因夫妇。两排平房，有围墙，有门出入。前一排（靠近吴姓人家的）高大些，四间平房，主人住；后一排矮小些，三间，是厨房、保姆房和杂物房；另附一间厕所。前后排之间有个院子，院内有古梅两株，一前一后，相距约三米，都是下半部分虬干盘旋，上半部分矫矫其姿，高过屋檐。这里刚开始建时，到了竖柱上梁的阶段，石璋如让赵崇义站在柱前，拍了张照片，看角度，是从里往外拍的。李济则在傅宅斜对面，也就是照片中的左侧房屋位置。

赵崇义的儿子赵林曾经于20世纪90年代去北京拜访查阜西的儿子查克承，重续友谊。笔者和赵林老师相识于2015年，彼时刚刚成立龙泉古镇文化研究院，听赵林老师说了一些他父亲的事，因当时的资料少，故一知半解。现回忆起来，董作宾送一幅甲骨文书法予赵崇义，传给赵林收藏至今。虽然赵林生于20世纪50年代初，未与诸多著名学者有过交集，却也从父亲口中得知许多事情，其中这口水井的前后关系，并与这批顶级专家生活在龙泉镇的史实相互印证。赵林家藏80年的傅斯年亲笔文书，写在一张甲骨图案的笺纸之上："本人于去年夏借昆明县棕皮营村赵崇义君祖业基地建房，大小七间，外厕所一间，前后门各一。当时言明，迁走时将所建房赠送地主。兹决他迁，特将上列各房赠与地主赵崇义永远为业。傅斯年（"傅斯年印"白文方印）民国二十九年十二月一日。"从石璋如拍的照片看，赵崇义中等身材，面相饱满，双目有神，三十几岁，穿着长衫，头戴黑色帽子，立于房前，目视镜头，显得很自信。宝云社区、司家营社区的居民生活到现在精神面貌很好，目光炯炯，一直很有希望的样子。

龙泉镇的井当然不止一口，据笔者了解还有五六口井。但主要还是盘龙江、金汁河、松华坝的水浇灌着龙泉的土地。几个龙潭，如黑龙潭、白龙潭、黄龙潭、蓝龙潭也是这里的资源和景观。龙泉区域很多古代农耕的痕迹被遗留下来，而且长虫山蜿蜒着把农田护在整个山脚下，使农业生产几百年来都很顺利，猪，羊、牛、马的养殖也很兴旺，地形有点像大理的苍山和大理古城坝子。从棕皮营赵宅中间的一口井——"中华精神源泉"（笔者命名的）说到杂七杂八的龙泉的事情，最近又收到几块长虫山脚下出的明代的墓碑，值得好好研究一下。把元代、明代军屯文化中的屯兵、屯田在云南各地和昆明的一些具体情况史实弄得更清楚，还是要请乔明老师的助手单旭东来拓印后仔细研究，先写到这里吧。

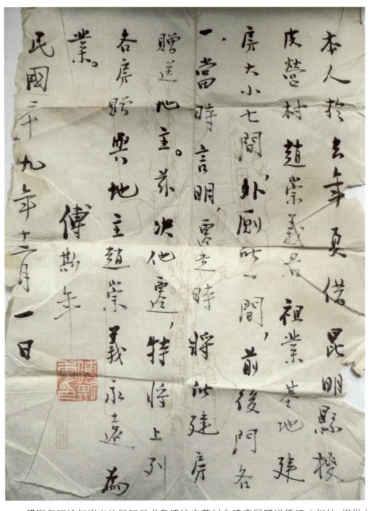

傅斯年写给赵崇义的昆明县龙泉镇棕皮营村自建房屋赠送凭证（赵林 提供）

第 二 十 三 章
大师风骨今犹在

THE MASTER IS ALWAYS
KEEPING PERSONALITY
AND MORALITY

"龙泉镇这地方许久不来，但仍然让我倍感亲切。因为在我采访西南联大的那些老人里边，经常都提到龙泉镇。"泡上一壶茶，伴随一个恬静的下午，作家、西南联大研究专家张曼菱亲临龙泉古镇文化研究院向我们娓娓道来，"记得有一次在北京大学的燕南园采访王力的夫人夏蔚霞女士时，她说她的第一个孩子就出生在龙泉，也就是那时候的龙头村，那天正好是一个赶街天，本来已经约好医生的，结果突然提前临产了，在这种紧急慌乱的情况下，迫不得已在瓦窑村找了一个接生婆，就是给农民接生的那种。我对那次采访的印象太深刻了，至今都还记得"。

张曼菱讲述闻一多先生："接触过闻先生的人都说他人格魅力特别强。我曾去成都访问过马识途，他跟我聊到闻先生当时想办一个叫'十一'的刊物，为什么叫'十一'，按照拆字'十一'就是'士'，为什么要办这样一个刊物?闻先生觉得在抗战时期，文化人、教授应当承担起中国传统知识分子'士'应该担当的使命。所以，他很想提倡'士'的这种人格修养。"

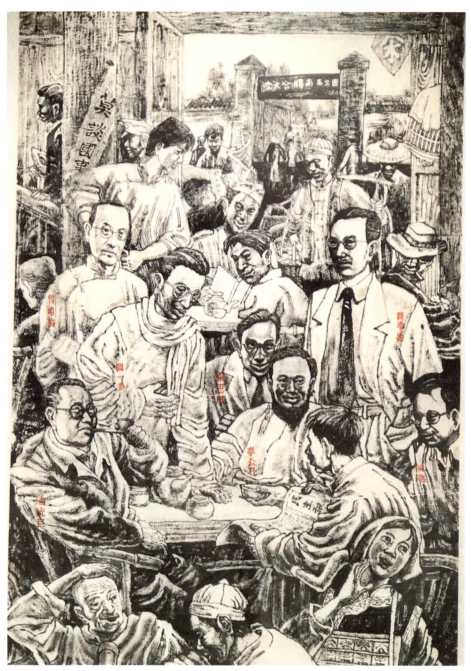

《西南联大教授在昆明茶馆》国画

274

"闻一多先生已经牺牲多年，为什么我一直很难忘怀，他不是受组织命令必须完成什么任务牺牲的，没有人命令他，相反的，所有人都担心他，都劝他走，他也理所当然地该走，但他却怀着炽热的爱国之心，抱着视死如归的态度同反动派势力抗争到底！我觉得他是想完成他心目中的那种人格塑造，因为闻先生给自己的定位是'国士'。七七事变时，闻先生有一封写给妻子的信让我印象颇深，他说：'七七事变了，这北平就进日本人了，这对我们家庭是坏事，我们得跑了。不跑怎么办，不跑就得当汉奸，否则就是死。他们会逼上门来，让像我这样的大学教授们一个个表态。难道一生名节就这样毁于一旦吗？'由此可见闻一多先生非常重名节。什么藏书、什么古籍，什么都不要了，就是要保持这个名节。但是闻一多表示：'然而这样对国家是好事，因为国家必须抵抗。'东北九一八事变忍了那么多年，现在撕破脸了，进入了全国抗战，所以他说对国家是好事，是奋起反抗的良机。这可见他忧虑的是咱们这个国家什么时候能够奋起！"

　　"闻一多家是当时西南联大教授中最穷的人家，子女又多，一家人为了节省木炭钱，到河里用冰冷的水洗脸，去抓小鱼虾来吃，就算在这种艰难困苦的环境下，他们也从没有抱怨过，觉得为国家受苦是应该的。"

　　张曼菱讲述梅贻琦先生："韩咏华女士是梅先生的夫人，她做事特别有主意，把家里的东西拿出来去摆个地摊卖点钱，做糕点卖钱补贴家用等，都体现了她对丈夫的爱，她不想让丈夫梅贻琦因担心经济问题而分心。有一次她和袁复礼夫人、潘光旦夫人，几位教授太太就在一间屋子里做蛋糕去卖给冠生园，梅贻琦知道后，说做糕点是私人的事，不准在这做，这房子是公家的，空着也不能用，别破坏章程，别损害西南联大的利益。这种校长，无论当时或现在都太珍贵了。抗日战争时期，国民党政府相当腐败，教授们忍了又忍，如果没有梅校长，他们这样的人早就散伙了，因为看着官员官府天天在眼前腐败。梅校长真是寒梅独放，非常难得，非常高洁！就像闻一多说过的，梅校长继承了我们的文化传统，也就是'士'的风骨和气节。教育部分给学校里校长、管理人员、院系主任的补贴，梅校长带头拒绝，26个西南联大的负责人都拒绝了，他们要跟教授们同甘共苦。按我们现在的话来说，这些都是学校官僚，在学校管点事儿的院系主任，教育部认为他们是当差的，跟一般教书的还不一样，发点补贴也理所当然，但是他们不愿意脱离教授的队伍。"

西南联大新校舍大门（罗庸 题字）

梅贻琦　　　　　　马识途　　　　　　刘文典

梅贻琦夫妇

张曼菱（右）采访杨振宁（左）　　　梅贻琦夫人韩咏华（左三）与子女

张曼菱采访费孝通（右）

张曼菱采访李政道（右）

张曼菱采访王希季（左二）

张曼菱采访西南联大的学者

张曼菱采访任继愈（右）

郑天挺先生的长孙郑光讲述："西南联大跟龙泉镇之间有着怎样一种缘分呢？西南联大搬到昆明后，1938年，日机轰炸得比较频繁。那时，一些学校，文化机构都开始往郊区搬了。北京大学选定的搬迁地址一个是龙头村，一个是岗头村，选那的主要原因是什么呢？因为中研院的史语所搬到了龙头村，所以北京大学校长蒋梦麟专门约了郑天挺一同到龙头村去考察，之后，北京大学就在龙头村盖了4间房子，在岗头村盖了16间房子，这样既能躲轰炸，又能够继续搞研究。北京大学的文科研究所搬到了龙头村，岗头村盖的房子成为北大的教授宿舍。把研究所和教授宿舍分开也是为了不招人耳目，以备不时之需，更好地躲避日机轰炸。

"1940年10月13日，日本一共出动了27架飞机，目标主要就是教学区，一个是云南大学，另一个就是西南联大师范学院。从10点开始就敲警报，郑天挺带着他的学生到了城外去躲轰炸，城里人不断地往外跑，当郑天挺听到师范学院被炸的消息传来，他坐不住了，跑到龙头村找到了北京大学校长蒋梦麟，一见面就急促地跟蒋梦麟说'能不能赶快给我借辆车'。蒋梦麟当时虽然十分为难，但也竭尽全力在晚上7点给他把车借来了，他急匆匆地就回城了。这个事情不单是郑天挺记录，在吴宓的日记里也记录了在同一天的这个事情。那天晚上回到城里，路上花了两个小时，夜里观察完以后，第二天早上7点，郑天挺又回到了师范学院，当时学生陆陆续续都来了，诉说昨天被轰炸的情况。这时候才得知，师范学院有两个校工被炸死了，学生没有死亡，但是有被炸伤的。当时郑天挺也没法跟其他常委商量，只好自己做决定，下午给同学们发一个月的贷金。接着，他就给傅斯年写信，要把学校的图书、仪器设备转移到龙头村。信中说，希望史语所接纳西南联大的师生，还有他们的书籍、设备。傅斯年也全力以赴，帮着西南联大渡过了难关。"

郑天挺

郑天挺先生的长孙郑光

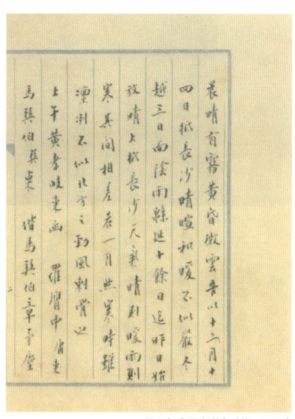

郑天挺在西南联大时的日记原稿

洪海波（中）与闻一多先生的长孙女高晓红及家人

闻一多先生的长孙女高晓红讲述："龙泉镇司家营是我爷爷居住了三年的地方，通过前辈的讲述和场景回忆，我心里头就浮现出我爷爷的三个身影，一个是有情有趣的诗人气质的身影；一个是有德有爱的学者风范的良师身影；一个是有血性有担当的斗士的身影。爷爷是位诗人，他对古诗词的研究有很深的造诣，并且他能同时把诗人的气质开创性地运用到他的学术研究领域，他自己对诗情深意厚，而且经常想着用诗来诗化他的家庭。当我来到司家营爷爷的旧居，探访爷爷的足迹，我眼前就浮现出一幅红烛的画面，创造光明燃烧自己。为了和平正义，爷爷义无反顾地选择了一条艰险之路，为此他放弃了美国加州大学待遇优厚的讲学聘请，毅然留在昆明，坚持最后的斗争，直到献出自己的生命。仰望他的背影，我总感到无论在学术成就，还是在历史进程当中的社会影响方面，都有我触摸不到的深度和宽度，他的家国情怀，他毕生坚守的浩然之气，正是我们后辈需要传承的精神命脉。在龙泉往事中，我们看到了80年前诞生在抗日战火中的西南联大，在经济条件极端困难、办学设备极其简陋和敌机不断骚扰的环境里，为国家培养出了众多出色的栋梁之材，为我们民族保存了文化血脉。当年一些全国知名的顶级教授在龙泉这个小镇，在各自的专业领域都有所突破，取得了丰硕的成果。龙泉往事记录了他们生活当中的一些小故事，折射出他们当时的精神面貌和在国难当中的坚守，把这些零碎的历史碎片收集流传下来，是一件值得称道的好事。"

逯钦立先生的儿子逯若亮讲述："昆明这座城市，我近30年来去过不下十次，其中，我最希望看到的两个地点，一个是西南联大的旧址，另一个是龙泉历史的遗迹和历史人物事迹。洪（海波）先生做了很好的工作，做得非常精彩，非常扎实，具有文献性、科学性，给我很大启发，我很佩服他。龙泉镇周边的抗日战争、文化抗战当中的这些现象，应该有一个很明确的定义，或者很恰当的定义。我一直在考虑这个问题，也希望以后有机会跟大家交流一下。"

洪海波（左）与闻一多先生的长孙闻黎明（右）

闻一多三儿子闻立鹏（中）、闻一多长孙闻黎明（右）、朱自清嫡孙朱小涛（左）重返司家营旧居

朱自清全家合影

　　朱自清先生的嫡孙朱小涛讲述："龙泉镇拍了一档'龙泉往事'的短视频节目，我看了以后，感觉这是一个小地方作了一篇大文章，说它大，是因为它不仅讲述了龙泉镇的往事和故事，它实际上也在讲述着中国教育史、学术史，甚至是中国现代历史。龙泉往事这档节目通过挖掘西南联大的教师在龙泉镇生活、工作的点点滴滴，表现了抗日战争期间中国知识分子的那种精神、那种风骨、那种品质，我觉得这是一档承载历史、讲述故事、传播文化，弘扬精神的活平台。"

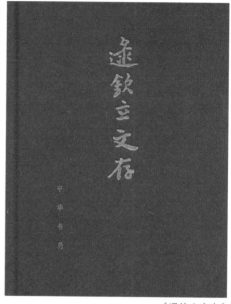

学生时期的逯钦立

《逯钦立文存》

逯钦立与夫人罗筱蕖

逯钦立与夫人罗筱蕖

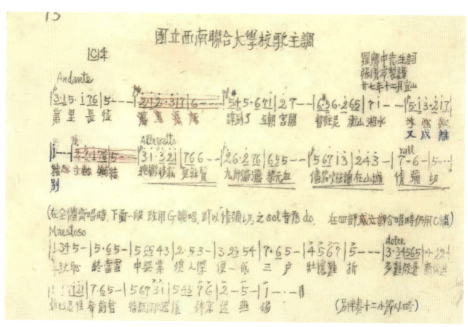

西南联大校歌

西南联大的毕业生

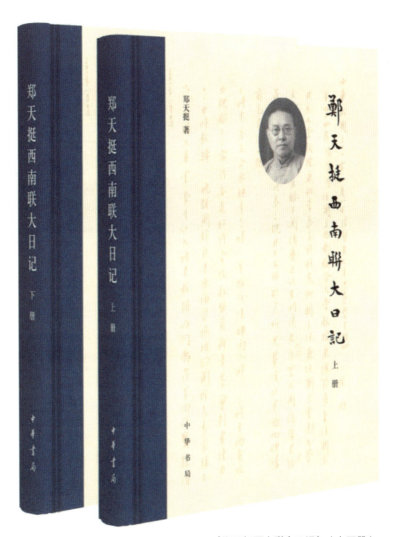

《郑天挺西南联大日记》（上下册）

西南联大校旗

　　抗日战争期间，龙泉古镇注入了新的血液和生机，西南联大的众多专家学者在此建房安居，大量国内顶尖的科学研究机构搬迁而来。1938年，随着冯友兰、闻一多、朱自清、梁思成、林徽因、傅斯年等中国赫赫有名的民族文化精英的到来，龙泉古镇迎来了群星璀璨的重要时期，成为抗日战争时期中国的学术高地。闪光的名字，代表着中国当时最高学术和文化水平，承载着中国高等教育的希望和重担。

　　这里有建筑大师梁思成、林徽因夫妇旧居，闻一多、朱自清旧居，哲学家冯友兰旧居等名人遗迹，史语所、中国营造学社、中博院筹备处、北平图书馆、北平研究院、中国地质调查所等国家级文化遗址，拥有28处历史建筑。这里走出了35位院士、26位名人，人们赞誉道：龙泉是"西南联大院士之乡"。这里有非物质文化遗产"唱花灯"、百年瓦窑、龙泉瓦猫、"一颗印"民居……经过80多年岁月的洗礼，龙泉古镇的历史地位越发凸显，院士之乡文化品牌更加熠熠生辉，已经成为"中国精神故里、大师生活之地、民族精英之家"，其文脉尚在，风骨犹存。大师们对古镇的文化、历史、社会所产生的影响一直在延续。

参考文献
Reference

1.清华大学校史研究室.清华漫话 [M].北京：清华大学出版社，2009.

2.张寄谦.中国教育史上的一次创举：西南联合大学湘黔滇旅行团记实 [M].北京：北京大学出版社，1999.

3.吴宝璋.享誉世界的西南联大 [M].云南：云南教育出版社，2012.

4.马越.北京大学中文系简史 [M].北京：北京大学出版社，1998.

5.张开诚，胡安宇.西南联大 [M].山东：青岛海洋大学出版社，1991.

6.王效挺，黄一.战斗在北大的共产党人：1920.10—1949.2 北大地下党概况 [M].北京：北京大学出版社，1991.

7.苏智良，毛剑锋.去大后方：中国抗战内迁实录 [M].上海：上海人民出版社，2005.

8.李杰.朱自清散文集 [M].黑龙江：哈尔滨出版社，2006.

9.余嘉华.闻一多在昆明 [M].云南：晨光出版社 ，1997.

10.吴东平.走近现代名人的后代 [M].湖北：湖北人民出版社，2006.

11.闻一多.闻一多经典 [M].北京：京华出版社，2001.

12.陆耀东.闻一多国际学术研讨会论文选 [M].湖北：武汉大学出版社，2002.

13.徐廷华.闻一多高孝贞夫妇的诗意生活 [J].趣闻轶事，2020（4）.

14.雷风行.解读名人姓名 [M].北京：华文出版社，2002 .

15.郭良夫 .完美的人格：朱自清的治学和为人 [M].北京：清华大学出版社，2003.

16.朱正.朱自清集 [M].广东：花城出版社，2005 .

17.清华大学校史研究室.清华人物志（四)[M].北京：清华大学出版社，1996.

18.冯友兰.人生的四种境界 [J].文化提升，2017（12）.

19.伴随编辑部 .那些逝去的厚重声音：民国著名学人性情档案 [M].哈尔滨：北方

文艺出版社，2012.

20. 戴江，蒙建光. 抗战时期石璋如先生的云南窑业调查[J]. 岁月，2015 年（6）33-37.

21. 冯友兰. 我的学术之路：冯友兰自传[M]. 江苏：江苏文艺出版社，2000.

22. 宗璞. 野葫芦须：宗璞散文全编(1951—2001)[M]. 北京：北京出版社，2002.

23. 陈新华. 林徽因[M]. 河北：河北教育出版社，2003.

24. 窦忠如. 梁思成传[M]. 天津：百花文艺出版社，2007.

25. 卜保怡. 寻访昆明抗战旧址[M]. 云南：云南教育出版社，2012.

26. 党洁. 梁思成和林徽因在京足迹[J]. 北京纪事：古都记忆，2012（8）：105-107.

27. 张谷，王辑国. 王力传[M]. 湖北：湖北人民出版社，2002.

28. 西南联大北京校友会. 国立西南联合大学校史[M]. 北京：北京大学出版社，1996.

29. 刘宜庆. 汤用彤的风度和境界[J]. 世纪回眸，2019（3）：64-68.

30. 汤用彤. 汤用彤全集[M]. 河北：河北人民出版社，2000.

31. 李振东. 北大的校长们[M]. 北京：中国经济出版社，2003.

32. 王雨宁. 西双版纳热带植物园：蔡希陶与世界名园[M]. 河北：河北大学出版社，2004.

33. 云南省科学技术委员会. 蔡希陶纪念文集[M]. 云南：云南科技出版社，1991.

34. 王晓亮. 异域风情[M]. 北京：中国戏剧出版社，2007.

35. 余斌. 漫说西南联大中文系[J]. 边疆文学：作家专栏，2005（1）：13-18.

36. 李波. 国家恒至上：老舍在重庆[M]. 重庆：重庆大学出版社，2010.

37. 老舍. 老舍集[M]. 广东：花城出版社，2006.

38. 老舍. 老舍散文[M]. 山西：北岳文艺出版社，2008.

39. 孙官生. 昆明大轰炸祭[M]. 云南：云南出版集团公司；云南教育出版社，2013.

40. 清华大学校史研究室. 西南联合大学与清华大学[M]. 北京：清华大学出版社，

1994.

41. 中国科学院昆明植物研究所植物园 . 昆明植物园栽培植物名录 [M]. 云南：云南科技出版社，2006 .

42. 郭新和 . 董作宾与甲骨学研究 [M]. 河南：河南大学出版社，2003.

43. 江苏省地方志纂委员会 . 江苏省志 79 社会科学志 [M]. 江苏：江苏古籍出版社，1998.

44. 廖名春，刘巍 . 老清华的故事 [M]. 江苏：江苏文艺出版社，2012.

45. 齐家莹 . 清华人文学科年谱 [M]. 北京：清华大学出版社，1999.

46. 夏晓虹 . 季镇淮先生纪念集 [M]. 北京：北京大学出版社，1999.

47. 郭胜强 . 董作宾传 [M]. 江苏：江苏文艺出版社，2010.

48. 岱峻，粤海风 . 上坳上的北大文研所 [J]. 2008（6）：20–25.

49. 李勇慧 . 王献唐接受中英庚款资助史实考略 [J]. 山东图书馆学刊：王献唐专题研究，2009（3）：36–39.

50. 布占祥，马亮宽 . 傅斯年与中国文化："傅斯年与中国文化"国际学术研讨会论文集 [M]. 天津：天津古籍出版社 .

51. 任继愈 . 皓首学术随笔 任继愈卷 [M]. 北京：中华书局，2006.

52. 岳南 . 李庄往事：抗战时期中国文化中心纪实 [M]. 浙江：浙江人民出版社，2005.

53. 陈淳 . 考古学理论 [M]. 上海：复旦大学出版社，2004.

54. 郭建荣，杨慕学 . 北大的学子们 [M]. 北京：中国经济出版社，2006 .

55. 李凤伟 . 逐鹿北京：外地青年如何在大都市发展 [M]. 北京：中国纺织出版社，2004.

56. 杨群，陈文桂 . 中国社会科学院近代史研究所青年学术论坛（2001 年卷）[M]. 北京：社会科学文献出版社，2002.

57. 金茹，李书 . 严谨治学慈心济世 [J]. 中国统一战线，2001（3）：41–43.

58. 宁正新 . 体验化学神奇 [M]. 北京：中央编译出版社，2010.

59. 云南省科学技术委员会 . 云南 100 种矿产资源 [M]. 云南：云南科技出版社，2000.

60. 段治文，钟学敏. 核物理先驱：赵忠尧传 [M]. 浙江：浙江人民出版社，2007.

61. 杨舰，戴吾三. 清华大学与中国近现代科技 [M]. 北京：清华大学出版社，2006

62. 刘寄星. 中国理论物理学家与生物学家结合的典范 [J]. 回顾汤佩松和王竹溪先生对植物细胞水分关系研究的历史性贡献（下），2003（7）：477–483.

63. 张昌华. 最后的闺秀：张充和先生剪影 [J]. 江淮文史，2007（5）：51–63.

附　录
Appendix

西南联大盟员名录（共91人）

序号	姓名	院	系	入盟时间
西南联大盟员教授（53人）				
1	闻一多	文学院	中国文学系	1944年
2	浦江清	文学院	中国文学系	1952年7月
3	卞之琳	文学院	外国文学系	1952年8月
4	朱光潜	文学院	外国文学系	1956年10月
5	胡毅	文学院	外国文学系	1945年
6	闻家驷	文学院	外国文学系	1945年5月
7	皮名举	文学院	历史文学系	时间不详
8	吴晗	文学院	历史文学系	1943年7月
9	邵循正	文学院	历史文学系	1953年1月
10	王维诚	文学院	哲学心理系	1956年12月27日
11	冯友兰	文学院	哲学心理系	1952年9月
12	金岳霖	文学院	哲学心理系	1953年4月
13	贺麟	文学院	哲学心理系	1955年11月
14	华罗庚	理学院	算学系	1952年9月
15	江泽涵	理学院	算学系	1981年
16	赵访熊	理学院	算学系	1952年9月

17	段学复	理学院	算学系	时间不详
18	刘薰宇	理学院	算学系	时间不详
19	余瑞璜	理学院	物理学系	1951 年 11 月
20	张文裕	理学院	物理学系	时间不详
21	霍秉权	理学院	物理学系	1952 年 9 月
22	刘云浦	理学院	化学系	1952 年 6 月 15 日
23	孙承谔	理学院	化学系	1951 年 3 月
24	张大煜	理学院	化学系	1952 年 1 月
25	曾昭抡	理学院	化学系	1944 年
26	沈嘉瑞	理学院	生物系	时间不详
27	张景钺	理学院	生物系	1953 年 10 月
28	王赣愚	法商学院	政治学系	1956 年 9 月
29	罗隆基	法商学院	政治学系	1941 年
30	钱端升	法商学院	政治学系	1981 年
31	龚祥瑞	法商学院	政治学系	1957 年 1 月 11 日
32	余肇池	法商学院	经济学系（商学系）	1956 年 12 月
33	徐毓枬	法商学院	经济学系（商学系）	1952 年 8 月
34	戴世光	法商学院	经济学系（商学系）	1956 年 6 月
35	芮沐	法商学院	法律学系	时间不详
36	费青	法商学院	法律学系	时间不详
37	吴泽霖	法商学院	社会学系	时间不详

38	费孝通	法商学院	社会学系	1944年
39	潘光旦	法商学院	社会学系	1943年
40	施嘉炀	工学院	土木工程学系	时间不详
41	庄前鼎	工学院	机械工程学系	时间不详
42	周承佑	工学院	机械工程学系	1953年5月
43	马大猷	工学院	电机工程学系	1951年4月2日
44	陈荫谷	工学院	电机工程学系	时间不详
45	章名涛	工学院	电机工程学系	1953年2月
46	丁履德	工学院	航空工程学系	1953年2月
47	周荫阿	工学院	航空工程学系	1965年6月
48	钱伟长	工学院	航空工程学系	1952年
49	陈国符	工学院	化学工程系	时间不详
50	余冠英	师范学院	国文系	1950年
51	萧涤非	师范学院	国文系	1952年10月
52	陈友松	师范学院	教育系	时间不详
53	罗炳之	师范学院	教育系	1956年7月23日
西南联大盟员教员、助教及行政人员（11人）				
54	高振衡	理学院	化学系	1952年
55	王积涛	理学院	化学系	时间不详
56	唐熬庆	理学院	化学系	时间不详
57	陈阅增	理学院	生物学系	时间不详

58	苟清泉	理学院	物理学系	时间不详
59	张恩虬	理学院	物理学系	1951年
60	汪家鼎	工学院	化学工程系	1952年
61	曹传钧	工学院	航空工程学院	时间不详
62	钟士模	工学院	电机工程学系	1952年
63	梁思成	工学院	建筑学系	时间不详
64	沈肃文	西南联大秘书		1934年
西南联大毕业后的入盟学生（27人）				
65	吴征镒	理学院	物理系	1945年
66	任继愈	文学院	哲学系	时间不详
67	朱德熙	理学院	物理系	1945年
68	谷德振	地质地理气象学系		时间不详
69	涂光炽	地质地理气象学系		时间不详
70	常迥	工学院	电机系	时间不祥
71	张滂	理学院	化学系	时间不详
72	凌德洪	理学院	物理系	时间不详
73	曹本熹	理学院	化学系	时间不详
74	刘致信	工学院	机械系	时间不详
75	成心德	工学院	航空系	时间不详
76	董申保	工学院	地质系	时间不详
77	王湘浩	理学院	数学系	时间不详

78	严灏景	工学院	机械系	时间不详
79	池际尚	毕业于西南联合大学		时间不详
80	杨凤	1941年在西南联大攻读学士		时间不详
81	谭庆麟	工学院	机械系	1953年月1日
82	胡秉方	理学院	化学系	时间不详
83	陈昌笃	工学院	地学系	时间不详
84	何庆芝	工学院	航空系	1951年
85	王传伦	法商学院	经济系	时间不详
86	徐利治	理学院	数学系	时间不详
87	丁则民	文学院	历史系	时间不详
88	何善周	文学院	中文系	时间不详
89	吴伯修	工学院	电机系	时间不详
90	吴宏聪	文学院	中文系	1952年2月
91	冯绳武	工学院	地学系地理组	时间不详

后 记
Postscript

昆明的龙泉古镇包含着独特的中国文化理念，是自然与人文因素的结晶，体现出昆明人对理想家园和美好生活的向往与追求。从远古开始，先民从未停下自强不息的脚步，一直在建设理想家园，一直在追求美好生活。龙泉的名字充满诗意，飘逸着灵气，它的村落却特别接地气，有的地名朴实平凡，很有意思：棕皮营、落索坡、蒜村、龙头村、浪口村、宝台山、司家营、麦地村、瓦窑村、小窑村、大波村、羊肠村等。这些文化和生活符号蕴含了土地的灵性，在昆明人的母亲河盘龙江边养育了一代又一代人，为铸牢中华民族共同体意识以及华夏文明的延续不断奋进。

盘龙区龙泉古镇文化研究院植根于龙泉这片土地上，从2000年以来一直致力于昆明文化、盘龙文化、龙泉文化和西南联大文化的深入研究。同时得益于各界人士的支持和帮助，研究院有了详实的资料与田野调查的依据，使我们的学术研究有了坚实的基础、长足的进步。

感谢朱自清先生的嫡孙朱小涛老师，郑天挺先生的长孙郑光老师、孙女黄培老师，闻一多先生的长孙闻黎明、长孙女高晓红老师，逯钦立先生的儿子逯若亮老师，周先庚先生的儿子周广业、周文业老师，楚图南先生的儿子楚泽涵老师等，他们在讲述和回忆祖辈和父辈的事迹的时候，十分动情，也非常客观。以张曼菱老师为代表的研究西南联大的专家学者，包括卜保怡老师、余斌老师、吴宝璋老师、陈立言老师、李昆华老师、郑千山老师、朱云东老师、研究抗战文化的戈叔亚老师、舒莺老师、盘龙区文旅局文管所的田凡老师等等，这些专家级的学者都专注于抗战文化、西南联大文化的研究及文化文物的保护工作、研究工作和推广工作，为相关研究提供了指导和帮助。自我加入民盟以来，深受民盟先贤的鼓舞，以先贤为榜样，把民盟优良传统与先贤精神融入具体的工作和行动当中。龙泉古镇文化研究院研究员杨亚伦老师与我共同探讨确定"院士之乡"的学术课题。研究员王雷老师也整理撰写《大普吉的"中国皇家学会"》。本书主要插图的画家是胡波老师，还有王广范、黄之方、杨奇威老师等也提供了作品。感谢中共盘龙区委宣传部、区委统战部、区人大、区政协、民盟云南省委会、民盟昆明市委会、区文化和旅游局、区博物馆、龙泉街道办事处对我们的鼎力支持，感谢社会各界的帮助。龙泉古镇文化研究院会一如既往地把西南联大在昆明各个时期、各个阶段的学术与生活的史实以及昆明文化、盘龙文化研究、推广、传承下去。

民盟盟员、昆明闻一多支部主委　洪海波

2024年6月